徳間文庫

# 青年抄

池田大作



徳間書店

# まえがき

私にとって、若《わか》い皆《みな》さんと語り合うことほど、心躍《こころおど》る時間はありません。青年との語らいから、希望の未来が広がるからです。

青年は、青年ということだけで、いかなる帝王《ていおう》よりも、いかなる大富豪《だいふごう》よりも、誇《ほこ》り高く、光り輝《かがや》く青春という舞台《ぶたい》の名優《めいゆう》です。これから幕《まく》を開ける、一人一人の清新なる開拓《かいたく》と栄光の前途《ぜんと》を見守り、声援《せいえん》を送っていくことは、何という喜びでしょうか。

二十一世紀の世界劇場《げきじょう》に颯爽《さっそう》と躍り出《で》ていく皆さんたちに、私が、ぜひとも伝えたい二十世紀の喜劇王《きげきおう》がいます。チャールズ・チャップリンです。

ちょびヒゲに、ステッキと山高帽《やまたかぼう》。涙《なみだ》と笑いで世界中を魅了《みりょう》した映画人《えいがじん》です。

心揺《ゆ》さぶる名作の数々は、今も決して光彩《こうさい》を失いません。

第二次世界大戦中、「独裁者《どくさいしゃ》」を映画で笑い飛ばし、ウソつきの本性《ほんしょう》をあばいてみせたチャップリン。何という勇気でしょうか！

そんな彼《かれ》も、幼《おさな》いころは自信をもてず、貧乏《びんぼう》のどん底でした。

ある日、思わず「死」を口にします。

すると、母は言いました。

「生きるのよ！　お前の運命を全《まっと》うするのよ！」

この一言が、その後の不屈《ふくつ》の人生を決めたのです。

人間が人間らしく自由に生きられる世界を夢《ゆめ》みながら、チャップリンは勇敢《ゆうかん》に戦い続けました。「宇宙《うちゅう》を運行《うんこう》させ、地球を回し、木々を育てている力と同じ力が、きみのなかにもあるんだ」（映画《えいが》「ライムライト」）と、この星に生きる青年たちに励《はげ》ましの声を贈《おく》り続けながら――。

先日、この喜劇王《きげきおう》の令孫《れいそん》で女優《じょゆう》のキエラ・チャップリンさんからお便りをいただきました。祖父君《そふぎみ》の美しい人類愛と創造性《そうぞうせい》を受《う》け継《つ》がれて、はつらつと活躍《かつやく》されていることに、胸《むね》が熱くなりました。

その御手紙《おてがみ》に、2014年は、チャップリンが、あの「放浪紳士《ほうろうしんし》」のいでたちで銀幕《ぎんまく》に登場して、ちょうど100周年の佳節《かせつ》であることが綴《つづ》られていました。

思えば、「あなたの最高傑作《けっさく》は?」と聞かれたチャップリンの答えは「ネクスト・ワン(次の作品さ)」でありました。

次は、もっと、よくなる！　よくしてみせる！　明日は必ず素晴《すば》らしくなる！

この心で、二十一世紀の名優《めいゆう》たる皆《みな》さんも最高傑作を残していただきたいのです。

２０１２年の９月、はるばると来日したアフリカ十カ国の十七人の青年たちと出会ったことも、思い出深い歴史となりました。国を引《ひ》き裂《さ》き、民衆《みんしゅう》を分断《ぶんだん》する残酷《ざんこく》な内戦に、長年、苦しみ抜《ぬ》いてきた青年も少なくありません。しかし、一人一人が涼《すず》やかな瞳《ひとみ》を輝《かがや》かせながら、大情熱《だいじょうねつ》に燃《も》え躍動《やくどう》していました。

それぞれの国へ帰った若《わか》き友は、新たなチャレンジを開始しました。

「人びとの冷えた心を再《ふたた》び温め、争《あらそ》いの心を鎮《しず》め、傷《きず》ついた心を癒《いや》そう」「現実《げんじつ》を批判《ひはん》し嘆《なげ》くよりも、変革《へんかく》するために行動を起こそう」「希望がなければ希望をつくろう」と。

出会いから一年。青年たちは、平和の春への決意を一詩に託《たく》してくれました。

「冬は長かった、冬は厳《きび》しかった。

私は絶対《ぜったい》にそのことを忘《わす》れない。

今日、春が始まる。今は希望の蕾《つぼみ》が開いている」

「アフリカの大地から無数の純粋《じゅんすい》で汚《けが》れのない蓮《はす》の花が貧困《ひんこん》、疫病《えきびょう》、戦争、憎《にく》しみや悲しみの泥沼《どろぬま》からいよいよ力強く咲《さ》き誇《ほこ》る時が到来《とうらい》したのだ」

歴史上、最も虐《しいた》げられ、光を奪《うば》われてきたアフリカ大陸に、新しい青年の旭日《きょくじつ》が赫々《かっかく》と昇《のぼ》り、勝ち微笑《ほほえ》む青春の花盛《はなざか》りの劇《げき》が繰《く》り広《ひろ》げられています。

誰人《たれびと》にも、行く手には立ちはだかる壁《かべ》がある。しかし、青年に乗《の》り越《こ》えられない壁など、断《だん》じてありません。

わが人生のドラマは、必ず自分が主役です。自分が選び取るのです。たとえ「向いてない」と思っても、今、打ちこんでいることと自体が「才能《さいのう》」です。

苛酷《かこく》な「運命」も、恐《おそ》れず、怯《ひる》まなければ、「使命」に変えることができる。断《だん》じて負けない自《みずか》らの劇を通して、苦しみ悩《なや》む人々に勇気を贈《おく》りゆくのだと心を定めれば、思いもよらぬ力が湧《わ》き上がってきます。

途中《とちゅう》がどうであれ、最後に晴れ晴れと勝てば、それが勝利の喜劇《きげき》です。

東日本大震災《だいしんさい》という試練に立ち向かうなかで、信じあう人間の絆《きずな》が、今ほど求められている時はありません。

始めましょう。共々に、希望を紡《つむ》ぐ物語を！

この本から、何か一つでも、今日の、そして明日の舞台《ぶたい》に挑《いど》みゆく皆《みな》さんの心に届《とど》く言葉があれば、これほどうれしいことはありません。

発刊《はっかん》に際《さい》し、お世話になった徳間《とくま》書店の関係者の方々に心より御礼《おれい》を申し上げます。

# 青年抄

目次

# I

## 青年の特権

贈る言葉

# II

## 贈る言葉

# 自分らしく

# III

贈る言葉
# 夢に向かって

# Ⅳ

# 未来への提言

私の一考察

# V

# 私の青年時代

『私の履歴書』より

# I

## 贈る言葉
# 青年の特権

## 青年の特権

「若《わか》さ」は　それ自体が最も美しい
たとえ　お金がなくとも　何がなくとも
若さがあれば
最高無上の財産《ざいさん》を持っているのと
同じである
青春は無限《むげん》の創造力《そうぞうりょく》に満ちている

「何のために」勉強し、「何のために」苦労し、「何のために」生きるのか——。

この問いかけは、自分の将来《しょうらい》の夢《ゆめ》を考える上でも大事と言えよう。自分のためだけの夢であれば、単なるエゴやわがままとなり、むなしく終わってしまうこともある。

「人のため」「父母のため」「社会のため」「正義《せいぎ》のため」「平和のため」——この延長《えんちょう》線上につくり上げていく夢が、本当の偉《い》大《だい》な夢なのである。

私の恩師《おんし》は、「青年の最高の修行《しゅぎょう》は、約束を守ることだ」と、いつも教えてくださった。
信義《しんぎ》を貫《つらぬ》く。友との約束、そして、自分自身との約束を、絶《ぜっ》対《たい》に破《やぶ》らない。誓《ちか》ったことを必ずやり通す——この人間として
の「信念」が、大きな舞《ぶ》台《たい》で活躍《かつやく》できる人へと育ててくれる。

誰《だれ》もが
この世で果たすべき
尊《とうと》き使命をもっている
使命のない人など
誰一人としていない

# 学ぶ喜び

勉強は　すればするほど
夢《ゆめ》が大きくなっていく
力がついて
人の役に立つことができる
人を笑顔にすることができる
人に喜びを与《あた》えることができる

学ぶことは、青年の最も崇高《すうこう》な権利《けんり》である。自分が向上し、心を強くする。

強い心があれば、どんな厳《きび》しい現実《げんじつ》にも押《お》しつぶされない。新たな理想の世界に向かって、自分自身を跳躍《ちょうやく》させることができる。そのバネとなるのが、読書であり、勉学なのである。

まず何か始める。何か努力してみる。

そういう「逃《に》げないくせ」「努力するくせ」をつけることが勉強の目的とさえ言える。「学ぶ習慣《しゅうかん》」がついた人は、何でもできるようになる。

「読書の醍醐味《だいごみ》」を知っている人と知らない人では、人生の深さ、大きさがまるっきり違《ちが》ってしまう。

自分の人生は一回きりだが、読書によって、何百、何千のほかの人生に触《ふ》れることもできるし、二千年前の賢者《けんじゃ》と話もできる。

たった一つの言葉にも、人生を変える力がある。たった一冊《さつ》の本にも、時代を動かす力がある。心が鼓舞《こぶ》され、生命《いのち》が躍動《やくどう》する。そんな良書と出あえた人は幸せである。

何のために学ぶのか？　その大きな目的の一つは、勉強したくてもできないような過酷《かこく》な環境《かんきょう》で生きる人々のために、奉仕《ほうし》しゆく力をつけるためだ。大学は、大学に行けなかった人々に尽《つ》くすためにこそある。

学ぶことは楽しい
知の発見は
人生の喜びである
そして「喜び」が才能《さいのう》の芽を伸《の》ばす

こころ美しき女性に

人間の本当の美しさ
それは「生命」それ自体の光彩《こうさい》であろう
大いなる理想を目指して
真剣《しんけん》に打《う》ち込《こ》む生命こそ
この世で最も美しい光を放っていく

日々の生活のなかで、家をきれいに掃除《そうじ》していくことも、部屋に一輪の花を飾《かざ》ることも、立派《りっぱ》な「美」の追求である。そして、自分自身を、より美しく向上させていこうとすることも、これまた、素晴《すば》らしい「美の価値《かち》」の創造《そうぞう》である。

「皆《みな》を喜ばせよう」「皆に希望を贈《おく》ろう」という活発なる魂《たましい》の呼《こ》吸《きゅう》は、自然のうちに、自《みず》らの周囲に、美の世界を広げていく。

薄《うす》っぺらな虚栄《きょえい》や見栄のなかには、真の美はない。気取らず、飾らず、ありのままに、生き生きと、人々のため、社会のため、未来のために、尊《とうと》き使命に生《い》きぬく人生は、なんと美しき劇《げき》であろうか。学歴でもなければ、肩書《かたがき》でもない。正しく深き人生を生きゆく「美心《びしん》」こそ、最高の財産《ざいさん》である。

華《はな》やかな境遇《きょうぐう》や格好《かっこう》に憧《あこが》れたり、羨《うらや》んだり――そんな浅はかな女性《じょせい》であってはならない。表面のきらびやかさに動かされるのは、しっかりした「自分」がないからである。「哲学《てつがく》」がなく、「信念」がなく、生きるうえでの「基準《きじゅん》」がない。結局、流され、漂《ただよ》っていく人生となってしまう。

女性の社会進出は、歴史の必然である。人類の幸福のためにも、世界の平和のためにも、女性の知恵《ちえ》と慈愛《じあい》がさらに求《もと》められ、女性がリーダーシップを発揮《はっき》していくことは、当然の道理であり、正義《せいぎ》である。

大事なことは、まず、女性自身が自《みずか》らの偉大《いだい》な力を自覚することであり、それを社会に開いていくことである。

自分の弱い心に
決して負けてはならない
平和は　清き心から生まれる
生命を慈《いつく》しみ
友の喜びを我《わ》が喜びとしゆく
美しき女性の心にこそ
真実の平和はある

## 一流を目指せ

地位や名声
財産《ざいさん》などでわが身を飾《かざ》っても
それだけでは一時の幻影《げんえい》にすぎない
一個《こ》の人間として　どうあるべきか――
ここに焦点《しょうてん》を定めて
生きる人生が　「一流」なのである

一流のものに触《ふ》れることは、自分が一流になる第一歩である。より高きものに学ぶ心が飛躍《ひやく》へのカギとなる。

青年は一流の世界に積極果敢《かかん》にぶつかっていくことだ。「教えてください」「学ばせてください」――この求道の姿勢《しせい》が、人生を開く。

苦労しらずで偉《えら》くなった青年は不幸だ。真の人生の深さがわからないからだ。苦しみぬいてこそ、本物が育つ。ゆえに、思うようにいかない時も、くさってはならない。上手《うま》くいかない時も、自分らしくベストを尽《つ》くしていけば、必ず、そこから次の道が開かれる。

平坦《へいたん》な道など絶対《ぜったい》にない。目標が大きければ大きいほど苦難《くなん》の道に直面するのは当然であり、それを乗《の》り越《こ》えた人が一流の人である。

「一書」や「一芸」に徹《てっ》しゆくことが、たんにその道に通達するだけでなく、人生のすべての分野を包摂《ほうせつ》する普遍的《ふへんてき》な世界、あるいは普遍的な知恵《ちえ》を切り開いていく。一つの道を究めた一流の人物は、必ずそうした知恵の輝《かがや》きを放っている。ゆえに謙虚《けんきょ》であり、人格《じんかく》の光がある。これは国内外の多くの著名人《ちょめいじん》と会ってきた私の経験《けいけん》からの結論《けつろん》でもある。

偉大《いだい》な人物との出あいほど、青年を成長させるものはない。偉大な人物は、人間の偉大な可能性《かのうせい》を示《しめ》す〝生きた手本〟といえる。「私も、あの人のようになろう!」という意欲《いよく》をかき立てる。大いなる魂《たましい》の触発《しょくはつ》と感化をもたらす。だからこそ、偉大な人物との出あいは、万巻《ばんかん》の書物を読む以上に、人間を大きく成長させる力となるものである。

健やかな生活

「健康」ではつらつとしていれば
喜びと張《は》りが生まれ
活気がみなぎる
身体の健康とともに大切なのが
「心の健康」である

いつも生き生きとして、すがすがしい人。健康な身体で成長している人。その人は、周囲にも清浄《せいじょう》な空気を与《あた》えていける。

仕事も、健康でなければ勝てない。

自分のため、家族のため、使命を果《は》たすために、健康で、すがすがしい心身を毎日つくっていきたい。


疲《つか》れ果てることもある。体調がよくない時や気持ちが沈《しず》むときだってあるであろう。今日できなかったことは、明日の元気な自分に託《たく》して、休めるときは上手に休んでもよい。人生は長い。焦《あせ》ることはない。価値的《かちてき》に行動することだ。

私自身、若《わか》いころは本当に病弱だった。医師《いし》から、三十歳《さい》まで生きられないと言われたこともある。しかし、だからこそ〝今、この瞬間《しゅんかん》を最高に充実《じゅうじつ》させて生きよう〟〝生きている間に、価値《かち》ある何かを絶対《ぜったい》に残そう〟という決意で生きぬいてきた。

人間誰《だれ》しも病気になることはある。肝心《かんじん》なのは「病気に負けない」ことだ。「強い心」「負けない心」があるかぎり、人間は、すべてをプラスに転じていける。

長い人生、体調を崩《くず》して、一休《ひとやす》みするときもある。先の見えないこと、思うようにいかないことが幾《いく》つも重なるときもある。それでも少しずつ前へ、「春遠からじ」と自分自身を信じて進む。一歩また一歩と。その地道にして不屈《ふくつ》の歩みそのものが「幸福の道」なのではないだろうか。

大切なのは「知恵《ちえ》」である
自分の体は
自分がよく知っているのだから
自分なりに工夫して
快適《かいてき》に生活を送れるようにしていくのも
知恵である

「いじめている」側が
一〇〇パーセント悪い
「いじめられている」側に
問題があるのではない
原《げん》因《いん》は　いじめている側にある

いじめている人間が「強い人間」なのか。そうではない。人間として、いちばん弱い、いちばん醜《みにく》い心ではないのか。自分で自分の醜い心に負けている「弱い人間」ではないのか。そういう暴力《ぼうりょく》人間を「強い」ように勘違《かんちが》いしているところに、「いじめ」の根源《こんげん》があることを忘れてはならない。

「人生なんか、つまらない」と思うのは、もしかしたら、君自身が「つまらない人間」になっているからかもしれない。「毎日がむなしい」と感じるのは、もしかしたら、君自身が「からっぽの心」になっているからかもしれない。

心に「夢《ゆめ》」を燃《も》やしている「おもしろい人間」にとっては、人生はおもしろい。

さびしければ、その「さびしさ」を、いじめなんかで、ごまかしてはいけない。さびしければ、本当の友だちをつくることだ。「さびしさ」は「人間の証拠《しょうこ》」とも言える。いじめで、その「人間らしい心」を壊《こわ》してはいけない。

誰《だれ》よりも苦しんだ人は
誰よりも人の心がわかる人になる
その人こそが
偉大《いだい》な使命を果たせるのだ

# Ⅱ

## 贈る言葉
# 自分らしく

# 幸福とは

幸福は
人から与《あた》えられるものではない
自分自身で決めるものだ
結実するものだ
そして　勝ち取るものだ

人間は皆《みな》、幸福になるために生まれてきた。勝つために生まれてきた。人を幸福にするために生まれてきた。それを妨《さまた》げんとする、ありとあらゆる宿命の苦悩《くのう》をいかに打開していくか。ここに万人の挑戦《ちょうせん》がある。

どんな悲嘆《ひたん》のどん底であっても、必ず立ち上がれる。どんな絶望《ぜつぼう》の暗闇《くらやみ》であっても、絶対《ぜったい》に打《う》ち破《やぶ》れる。この究極の幸福勝利の道を示《しめ》すのが真の信仰《しんこう》である。

「幸福」とは「充実《じゅうじつ》」である。人間は自身のみならず、他の人びとの幸福をも追求しゆくときに、いっそう深き充実をつかめるものだ。

この〝自他共の幸福〟を目指す生き方こそ、現代《げんだい》に求められている、「共生の社会」を実現《じつげん》する確《たし》かな道ではないだろうか。

「思いやり」とは「思いを遣《や》る」、つまり思いを他の人まで差し向けることである。慈愛《じあい》を馳《は》せることである。

思いを遠く遣った分だけ、自分の心は広がる。心が大きく広がったぶんだけ、たくさんの幸福を入れられる。

幸福というものは、近づけば近づくほど、消えてしまう場合がある。また、幸福の絶頂《ぜっちょう》の裏返《うらがえ》しは、不幸の奈落《ならく》それ自体ともいえる場合がある。

要するに、深い幸福感は、地道な人生のなかにあるのではないだろうか。「派手《はで》な虚栄的《きょえいてき》なものは消費に等しい」と言った哲学者《てつがくしゃ》がいたが、地道な一日一日の、正しい法則《ほうそく》のうえにのった生活の生きがいのなかに、幸福感は広がっていく。その正しい生命観をもっていれば、すべてのものを乗《の》り越《こ》えていくこともできるに違《ちが》いない。

# 本当に「幸福」な人とは
# 皆《みな》を「幸福」にできる人である

# 感謝の心

感謝《かんしゃ》の心は美しい
みずからに縁《えん》した人を
大事にしていこうという心の余裕《よゆう》が
人生を豊《ゆた》かにする
美しくする

感謝の言葉によって、信頼《しんらい》と友好の絆《きずな》は強まっていく。人に対して、どれだけ「ありがとう」と言えるか、感謝の言葉を語れるか――実は、そこに人間性《にんげんせい》が表れるのであろう。

感謝の心は大切である。感謝があり、ありがたいなと思えれば、歓喜《かんき》がわいてくる。歓喜があれば、勇気も出てくる。人に報《むく》いよう、頑張《がんば》ろうという気持ちにもなることができる。感謝がある人は幸せである。

恩《おん》を忘《わす》れない人生は強い。せっかく学問をしても、学歴を鼻にかけ、人の心の機微《きび》などわからない人間になっては意味がない。なによりも、「恩を知る心」を学ばなければならない。

その心がある人に停滞《ていたい》はない。何をやっても伸《の》びていくことができる。

自分を生み育《はぐく》んでくれた親の労苦を知り、心から感謝《かんしゃ》できる人が偉《えら》い人である。「親孝行《おやこうこう》しよう」という心があるかぎり、いかなる苦難《くなん》にも負けない。まっすぐに生きていくことができる。

家族のあり方は千差万別であり、時代と共に変化もする。ただ一点、家族を家族たらしめる不変の力があるはずだ。それは「人を大切にする心」といえないだろうか。この心に育まれて、人は人となる。この心に支《ささ》えられて、人は強くなれるし、優《やさ》しくもなれる。

自分自身の成長が、一番の親孝行になる。親子の関係というのは、ずっと続く。いつまでたっても、親は親、子は子である。たとえ亡《な》くなっても、心はつながっている。ゆえに、親孝行とは、一生涯《いっしょうがい》の目標といってよい。じっくり焦《あせ》らずに、自分自身を磨《みが》いていくことである。

世界の一流の人格《じんかく》は
親孝行である
父母に感謝し
父母を大切にする心から
平和は生まれる

ダイヤはダイヤでなければ磨《みが》けない
人間を真に鍛《きた》えることができるのは
人間しかいない

一流の人は、「力」とともに「人格《じんかく》」も立派《りっぱ》であり、誠実《せいじつ》である。

何事も薄《うす》っぺらな策《さく》ではなく、自分の全人格でぶつかっていく。誠実に生きぬき、厳然《げんぜん》と結果を出していく。大きな目的に向かって「全身全霊《ぜんれい》」で挑《いど》んでいくことである。要領《ようりょう》は長続きしない。自分を卑《いや》しく、貧《まず》しくしていく場合すらある。見る人が見ればパッとわかってしまうものである。

今は何かと「不自由だな」と感じるかもしれないが、不自由は、むしろ当たり前といえよう。好きなだけ、お金がある、寝《ね》たい時に寝られる、すべてが自由であるというなら、人間は堕《だ》落《らく》し、成長はない。

不自由と感じるなかを、自分で自分を律《りっ》し、成長の方向へと自分で自分を方向づけるしかない。その努力のなかでこそ、「人格」が鍛えられるのである。

よりよき社会をつくるために、まず自分が変わることである。できることから始めることである。

闇《やみ》が深いほど、自《みずか》らが太陽になって朗《ほが》らかに輝《かがや》くのだ。

学ぼう　成長しようという
挑戦《ちょうせん》の中に　青春の心は光る
平和のために　もっと学び　語り
動き続ける人生でありたい

## 真の友情

自分と違《ちが》うところをもつ人を
尊敬《そんけい》できる「心の大きさ」が
友情《ゆうじょう》の土壌《どじょう》である
「大きい心」があれば
その分　すばらしい友情ができる

悩《なや》みを聞いてくれる友がいれば、どれだけ安心できるか。つらいことがあったときに、「大丈夫《だいじょうぶ》だよ」と声をかけてくれる友がいるだけで、心が温かくなる。豊《ゆた》かになり、苦悩《くのう》とも戦っていける。

友人というのは、あなたを映《うつ》す「鏡」である。あなたが声をかければ、相手から声が返ってくる。そのときは、すぐに仲よくなれなくても、あなたの誠実《せいじつ》さが、相手の命に、鏡のように映《うつ》る。「受け身」になって、相手が声をかけてくれるのを待っていたら、新しい友情は広がらない。

友人が多い人は幸せだ。「私には親友がいます」と言いきれる人は幸せだ。お金よりも、地位よりも、名誉《めいよ》よりも、「絶対《ぜったい》に心がつながっている」「絶対に裏切《うらぎ》らない」友人をもっている人こそ、本当に「豊かな人生」である。

「学ぼう」「向上しよう」という人の周りに「よき友」は集《つど》う。その「よき友」の中で人間は磨《みが》かれる。高みを目指す真実の友《ゆう》情《じょう》は、その努力の実りを何倍にもしてくれる。

一緒《いっしょ》に努力し、向上していく中で、自分の力が引き出される。相手のよさも引き出すことができる。

友情は自然にできあがるように思うものだが、そのうえに、二人がそれなりの目的をもち、励《はげ》ましあい、助けあい、生きぬこうという、人生の、青春の力の足音がなくてはならない。「社会に貢献《こうけん》しよう」というような共通の目的が大事である。目的が明確《めいかく》でない友情は、なれあいになってしまう。目的に向かって、明るく励ましあい、それを達成しようという友情は長く続く。

友情は宝《たから》
友情は幸福である
友情は人生を飾《かざ》る〝花の冠《かんむり》〟
友情が広がったぶんだけ
友情が深まったぶんだけ
自分の人生が広く　深くなる
友情は喜びを二倍にし
悲しみを半分にしてくれる

# 自分らしく

君は君
あなたはあなた
同じようにはできない
よきことは学び
どこまでも自分らしく
誠実《せいじつ》に
ベストを尽《つ》くしていけばよいのだ

心の力は無限《むげん》である。世界は広く大きい。宇宙《うちゅう》はさらに広くて大きい。しかし人間の心は、さらにさらに広く大きい。人に何と言われようと、「必ず自分はできるんだ!」と信じることである。「決意あるところ道あり」。勇気を出して、自分が変われば、周りも変わる。すべてが変わる。勝利の道は、必ず開かれる。

自《みずか》らの使命を深く自覚し、果たしゆく人生ほど、幸福な人生はない。また使命とは、誰《だれ》から与《あた》えられるものでもない。自らが決然と選び取るものである。その自覚こそが、すべての挑戦《ちょうせん》への希望となり、困難《こんなん》を克服《こくふく》しゆく大きな力の源泉《げんせん》となっていくのだ。

人生は桜梅桃李《おうばいとうり》である。自分が他人になることはできない。自分は自分らしく、大輪を咲《さ》かせていけばよいのだ。他人と比較《ひかく》する必要などまったくない。むしろ、自分の〝過《か》去《こ》と現在《げんざい》〟を比《くら》べて成長しているかどうかである。

誰《だれ》もが
無限《むげん》の可能性《かのうせい》に満ちた
かけがえのない存在《そんざい》である
はやく咲《さ》く人
ゆっくり咲く人
違《ちが》いはあっても
自分自身の幸福の花を
必ず咲かせていけるのだ

成長の糧

目標を立てることは
その人自身が建設《けんせつ》されていく
青春の戦いとは
「自分をつくる」戦いといえよう

建物を建てるとき、土台だけを見ても、上にどのような建物が建つのかはわからない。また土台は、その上に建物が建てば、見えなくなる。それでも、建物を何十年、何百年にわたって支《ささ》えていくのは、その見えない土台である。青春時代の勉学も同じといえよう。自分の目前にある課題の一つ一つが、強固な土台になっていくのだ。

一生懸命《けんめい》、頑張《がんば》っているのに、なかなか結果が出ない。それでも歯を食いしばって努力をする。その一番つらく、苦労しているときが、実は一番、力がついているときなのだ。

不安や苦しみ、悩《なや》みが出てくるからこそ、成長できる。「大変」だからこそ、大きく変わることができる。

〝不安の風〟にひるまないで、一歩一歩、前へ前へ、進んでいく。焦《あせ》らなくていい。人を羨《うらや》む必要もない。自分にしか歩けない道を、堂々と、悠々《ゆうゆう》と行くことである。

青年は、人生を生きぬき勝《か》ちぬいていく「力」を、全部、自分のなかに持っている。それを、存分《ぞんぶん》に出し切りながら生きていける。それが「若《わか》さ」というものである。

青年は「無《む》限《げん》の可《か》能《のう》性《せい》の塊《かたまり》」なのだ。

青春は、苦しい悩《なや》みばかりであろう。しかし、悩みがあるから、心は育つ。うんと悩んだ日々こそ、一番不幸だと思った日こそ、あとから振《ふ》り返《かえ》ると一番かけがえのない日々だったこともわかるものである。

だから苦しみから逃《に》げず、苦しみの真ん中を突《つ》っきって行くことだ。

寂《さび》しければ、その寂しさを大事にすることだ。寂しさや悲しさを、遊びなんかでごまかしてはいけない。耐《た》えて、耐えて、自分を育てる糧《かて》にしていくのだ。

人生は自分次第である
環境《かんきょう》に決められるのではない
自分が環境をつくることだ
自分が道を切り開くのだ

# III

## 贈る言葉

# 夢に向かって

## 勇気の一歩

まず思い切って　最初の一歩を踏《ふ》み出《だ》す
この勇気ある実行こそ
青年の　青年たる証《あかし》といってよい

勇気がある人は力強く、前へ前へ進んでいける。自分が描《えが》いていた「山」を登り、「谷」を下り、自分のめざす理想へ、希望へと向かっていける。まさに「勇気」の二字が「力」となっていく。

いい格好《かっこう》をしようとか、人がどう思うだろうかとか、そんなことではなく、「正しいことだからやる」。これが勇気である。「勇気」とは「正義《せいぎ》」と一体ともいえる。

〝自分のために〟だけでなく、〝人のため、世のために〟という善《ぜん》の行動をする。そのための「宝《たから》の力」が勇気である。いちばん地味ではあるが、いちばん光り輝《かがや》く行為《こうい》である。

人のためにする行動は、必ず自分のためにもなる。身近なところから、自分が今できることを、無理せず行っていけばよい。困《こま》っている友がいれば、〝何とか助けてあげたい〟と思う。ふだんよりも、もう少しだけ勇気を出せば、思いやりの心は出てくる。

「他人」ではない
まず「自分」が行動することだ
動くことだ
この「率先《そっせん》」が
人生を開くカギである

仕事の姿勢

どんな立場であれ
誠心誠意《せいしんせいい》　仕事に取り組んだ人が
「信用」という
人間として最高の財産《ざいさん》を
築《きず》くことができる

思《おも》い描《えが》いた理想と違《ちが》う職場《しょくば》で、働く人もいるであろう。人が羨《うらや》ましく見えるときもあるかもしれない。しかし、大事なことは、今いる場所で勝つことだ。眼前《がんぜん》の仕事を、忍耐強《にんたいづよ》く成《な》し遂《と》げていくことである。

この社会を成り立たせている根幹《こんかん》は、「信用」「信頼《しんらい》」といってよい。それは、交わした「約束」を守る、「約束」を一つ一つ誠実《せいじつ》に遂行《すいこう》する、その行動でしか築《きず》き得ない。顧客《こきゃく》と約束した期日を守る。上長と約束した業務《ぎょうむ》を適切《てきせつ》に処理《しょり》する。自分自身と約束した目標を完遂《かんすい》する――仕事には、すべて「約束」という行為《こうい》が含《ふく》まれる。たかが五分、たかが紙一枚《まい》、たかが数字一つであっても、そこに約束があれば、決しておろそかにできない。これが仕事である。

まずは朝に勝つことである。

そして、清々《すがすが》しい声で「おはようございます！」とあいさつをする。

自身の「声」で、皆《みな》を元気にする。職場《しょくば》を明るくする。そういう気概《きがい》を持つことである。

遅刻《ちこく》したり、だらしない姿《すがた》で出勤《しゅっきん》するようでは、信頼《しんらい》を勝ち取ることはできない。朝に勝つことが、人生に勝つことといえよう。

たとえ失敗しても、ごまかしたりはしない。誠意《せいい》を尽《つ》くして対処《たいしょ》する。そして、反省は反省として、決して気を落とさず、同じ失敗を繰《く》り返《かえ》さぬように努力して、必ず挽回《ばんかい》してみせるのだ。

職場には　だいたい三種《しゅ》の人がいる
絶対《ぜったい》に　いなくてはならない人
いてもいなくてもよい人
いないほうがよい人
それは仕事の種類《しゅるい》で決まるものではない
人によって決まってくるのである

# 言葉の力

言葉の力は　心で決まる
心が根底にあるから
言葉が生きてくる
同じことを言っても
言う人の心の深さで
まったく力は違《ちが》ってくる

あいさつは、それ自体、素晴《すば》らしい対話である。
「こんにちは！」と、さわやかに声をかける。
それだけで声をかけられた人はうれしい。信頼《しんらい》関係も築《きず》かれる。

身近な人の行動などを見て、「素晴らしいな」と思ったら一言《ひとこと》声をかける。それだけで対話は深まる。率直《そっちょく》に伝えることで、自分の心が相手の心に届《とど》いていくのだ。

相手の声に耳をかたむけ、よく話を聞く。そのことで、自身が成長できる。友も心を開く。深い友情《ゆうじょう》を結ぶことができる。こうした心と心を結ぶ対話こそ、平和への一歩であり、「平和の文化」の最も確《たし》かな推進《すいしん》力である。

納得《なっとく》が大事である。納得すれば、理解《りかい》が深まる。心から納得すれば、勇気と希望がわき、必ず行動が生まれていく。そのために、対話が大切なのだ。相手が深く理解し、納得できる。その力が、「言葉の力」であり、「声の力」といえよう。

対話という鏡に照らされて
人は他者を知り　自分を知る
対話が
自分の殻《から》を破《やぶ》り
境涯《きょうがい》を拡大《かくだい》するのだ

すばらしい恋愛《れんあい》は
誠実《せいじつ》で成熟《せいじゅく》した
「自立した個人《こじん》」と「自立した個人」の
間にしか生まれない
ゆえに自分を磨《みが》くことが大切なのである

恋愛は、自分が大きく成長し、生き生きとして、力を出していくようでなければならない。「恋《こい》は盲目《もうもく》」と言われるように、ともすれば、自分を冷静に見るゆとりがなくなってしまうのも恋愛の現実《げんじつ》である。

今、自分たちは何をすべきか、その目的を忘《わす》れてはいけない。目的を達成させようという励《はげ》まし、希望をもちあっていくことが大切である。

真実の恋愛であるならば、未来に幸福な実を結ぶ希望がなければならない。将来《しょうらい》をめざしての明るい建設《けんせつ》でなければならない。そのためには、恋愛そのものが理想をめざし、現実にしっかり足をふまえた賢明《けんめい》さをもったものでなければならない。

自分の成長や可能性《かのうせい》を犠牲《ぎせい》にして、恋愛をしても絶対《ぜったい》に幸福はない。「自分を十分に生かす」ことによって得られる幸福こそ本物である。

本当に一人の人を愛すれば、その人を通して、人間全体を愛する自分へと拡大《かくだい》していける。もっと強く、もっと高く、もっと深い自分になる。自分を磨いたぶんだけ、将来、すばらしい〝心の絆《きずな》〟をつくることができる。

早く結婚《けっこん》したから幸福かといえば、そうとも限らない。むしろ、周囲の人々の反対を押《お》しきり、自己《じこ》中心的になって、恋愛《れんあい》に溺《おぼ》れ、後悔《こうかい》の涙《なみだ》で苦しんでいる人もいるということを、知らねばならない。人生は、一人だけでは生きられない。多くの友人や先輩《せんぱい》たちに囲まれて、はじめて、恵《めぐ》まれた自分自身の発見があるものである。ゆえに賢《かしこ》く、聡明《そうめい》に自分自身を見つめ、自覚していかねばならない。

結婚は、それ自体が目的ではない。大事なことは、あくまでも、一人の人間としての尊厳《そんげん》であろう。人は、誰《だれ》も皆《みな》、生まれてくるときも一人、死んでいくときも一人である。結婚するかどうか等で、幸福は決まらない。幸福を決めるのは、生き甲斐《がい》があるかどうか、充実《じゅうじつ》があるかどうかである。

周囲に「希望」がなければ、自分で創《つく》ればよい。心というものは、名画家のように、いくらでも自由自在《じざい》に「希望」を描《えが》き出《だ》していけるからだ。真の愛情《あいじょう》とは、歳月《さいげつ》を経《へ》るほどに、深まりゆくものである。

愛する人と結婚すれば
幸せになれるように
思っているかもしれない
しかし　何があるか
わからないのが人生である
ゆえに　若《わか》い時代に
何があっても負けない心の強さを
培《つちか》うことが大切である

自分に負けない

青年らしく
何かに挑戦《ちょうせん》することだ
昨日の自分と今日の自分を比《くら》べて、
一歩でも　一ミリでも
前へ踏《ふ》み出《だ》した人は
もう勝っているのだ

自分を向上させていく道が、正しい道である。

たとえ自分の思うような道に進めなくても、その道で「自分を向上させていこう！」と決意できれば、それは正しい軌道《きどう》である。

「向上する心」さえあれば「失敗」も成功の因《いん》にできる。ゆえに、何も恐《おそ》れることはない。

人生には、困《こま》ったこと、つらいこと、イヤなこと、悩《なや》むことがいっぱいある。そんなとき、二つの生き方しかない。

一つは、文句《もんく》を言って、環境《かんきょう》のせいにして、敗北してしまうことだ。人は同情《どうじょう》してくれるかもしれないが、結局、自分が損《そん》であり、何を言っても弁解《べんかい》になる。

もう一つの生き方。それは、環境がどうあれ、自分の道を自分で開いていくという「負《ま》けじ魂《だましい》」の生き方である。どちらを選ぶかは、自分で決めるしかない。

人生はまず、〝どんな困難《こんなん》も乗《の》り越《こ》えてみせる〟〝小さな自分の殻《から》を破《やぶ》ってみせる〟という気概《きがい》をもつことだ。そこから一切が開けていく。「限界《げんかい》を破ろう」。そう決めたとき、じつは自分の「心の限界」は、すでに一歩、破れているのである。その時点で、理想や目標も半ば達成されているとさえいってよい。

人生、十回くらいの失敗が何だろう。二十回、それでもだめなら百回、挑戦《ちょうせん》すればいい。百回でも諦《あきら》めてはならない。百一回目に成功するかもしれない。

挑戦をやめるのは、いつでもできる。誰《だれ》にでもできる。考えて考えて、苦しんで苦しんで、なすべきことは、塵《ちり》も残さず全部やることだ。ただちに、やることだ。何度失敗しようと、頭上に「朝」は毎日、来るではないか。

人間は誰だって
勝ったり負けたりして　強くなる
鍛《きた》えられていく
だから一時のことで
くよくよしてはいけない
「心」が負けなければよい
一層《いっそう》強い根性《こんじょう》を持って
次の勝利へ向かっていくのだ

夢に向かって

夢《ゆめ》があれば
どこまでも成長できる
夢は　自《みずか》らの可能性《かのうせい》を最大限《さいだいげん》に発揮《はっき》し
未来を開く〝宝《たから》のカギ〟である

私の恩師《おんし》は、よく「青年は、夢が大きすぎるくらいでいい。初めから望みが小さくては、何もできないからだ」と語っていた。夢を大きくもって、走れるところまで走る。そのぶんだけ、自分自身の世界を大きく広げることができるのだ。

夢や憧《あこが》れをいだくことは、青春の特権《とっけん》といってもいいだろう。しかし、現実《げんじつ》の困難《こんなん》という逆風《ぎゃくふう》にあうと、たちまち穴《あな》のあいた風船のようにしぼんでしまうときがある。その厳《きび》しき現実のなかで、夢に向かって、最後まで飛翔《ひしょう》しつづけてこそ、夢は現実となるのである。

将来《しょうらい》の進路を、すでに決めている人は、執念《しゅうねん》をもって、目標へ突《つ》き進《すす》んでほしい。中途半端《ちゅうとはんぱ》はいけない。執念をもってやった場合には、かりに失敗しても悔《く》いがない。成功すれば、大きな花が咲《さ》く。いずれにせよ、次の道につながっていく。

また、進路をまだ決めていない人は、「今やるべきこと」に全力を注ぐことである。そして、周囲ともよく相談し、もがきながら「自分の道」を見つけてほしい。

人生は長い旅に譬《たと》えられる。一年また一年、一日また一日、無数の「出発」と「到達《とうたつ》」の旅の繰《く》り返《かえ》しといってよい。理想や夢《ゆめ》や目標といった、「ゴール」をめざす挑戦《ちょうせん》の旅路の中で、人は貴重《きちょう》な出会いを刻《きざ》み、多くを学んでいくのだ。

若《わか》き青年自身が
希望であり　夢である
その青年が
「世界を平和にしよう」という
夢に生《い》きぬけば
必ず　世界は平和へ近づいていく

# Ⅳ

私の一考察

# 未来への提言

## 「一人を大切にする心」

今や、「IT《アイティー》（情報技術《じょうほうぎじゅつ》）革命《かくめい》」と「グローバル化（地球一体化《ちきゅういったいか》）」の時代である。

コンピューターを通《つう》じて、世界中の情報をリアルタイムで手に入れることもできるし、世界中の人々と瞬時《しゅんじ》に交信《こうしん》もできるようになった。まことに画期的《かっきてき》な時代が到来《とうらい》している。

ただし、その〝負《ふ》〟の側面《そくめん》として、人と直接会《ちょくせつ》わなくとも、コミュニケーションがとれることから、「顔の見えない社会」が急《きゅう》速《そく》に広がっていると指摘《してき》されている。また、悪質《あくしつ》な嘘《うそ》や人権侵《じんけんしん》害《がい》の情報も氾濫《はんらん》している。

最近、凶悪《きょうあく》な犯罪《はんざい》が続発《ぞくはつ》し、殺伐《さつばつ》とした社会の風潮《ふうちょう》が感じられるのも、そのことと決して無縁《むえん》ではないであろう。

かけがえのない皆《みな》さんは、この危険《きけん》な〝落《お》とし穴《あな》〟にはまってはならない。両親《りょうしん》や縁《えん》する人々を悲《かな》しませることだけは、絶《ぜっ》対《たい》にあってはならない。

乱《みだ》れた世の中であるからこそ、自分自身が賢《かしこ》く強くなっていくことである。愚《おろ》かでは不幸《ふこう》だ。何も言えない臆病《おくびょう》では敗北《はいぼく》である。

イラン出身《しゅっしん》の著名《ちょめい》な平和学者《がくしゃ》であるテヘラニアン博士は、私との対談集《たいだんしゅう》の中で、こう論《ろん》じておられた。

「(私たちが迎《むか》えた)『新しい世界』とは、『コミュニケーションの回路《かいろ》はどんどん拡大《かくだい》しているにもかかわらず、対話そのものは切実《せつじつ》に不足《ふそく》している世界』のことです」(『二十一世紀への選択』、潮出版社)

世界は最先端《さいせんたん》の技術でつながった。しかし、真《しん》に価値《かち》があり、実《みの》りがある対話がなされていない。物理的《ぶつりてき》な距離《きょり》は近づいてきた。しかし、心と心は遠《とお》ざかったままであるという嘆《なげ》きである。

技術が進歩《しんぽ》し、情報が増大《ぞうだい》すればするほど、それを、人間の幸福のために、社会の平和のために、正《ただ》しく活用《かつよう》していく「智《ち》慧《え》」と「哲学《てつがく》」が、いっそう重要《じゅうよう》になってきた。「人間としての基本《きほん》の力」を錬磨《れんま》することが、ますます求められているといえよう。

それは、「読む力」「書く力」「考える力」である。「挑戦《ちょうせん》する力」「創造《そうぞう》する力」「忍耐《にんたい》の力」である。そして「人を思いやる力」「人を大切にする力」「人に尽《つ》くす力」でもあろう。

世界最高峰《さいこうほう》の経済学者《がくしゃ》で、ハーバード大学名誉教授のガルブレイス博士が、真剣《しんけん》な表情《ひょうじょう》で私に語《かた》られていたことを思い出す。「根本的《こんぽんてき》な哲学《てつがく》として求められるのは、『すべての人間が平等《びょうどう》であり、地球上《ちきゅうじょう》、どこにいても、人間は同じ尊厳《そんげん》をもっている』

という考えです。
つまり、アフリカの飢餓《きが》は、ボストンの街《まち》のなかで人が飢《う》えているのと同じ悲劇《ひげき》なのだという思想《しそう》です」（『人間主義の大世紀を――わが人生を飾れ』、潮出版社）
地球上のどんな悲惨《ひさん》な出来事《できごと》も、テレビのスイッチを切《き》ったら、目の前から消《き》えてしまう。現実に苦しんでいる人々がいることを、私たちの心の中で〝国境《こっきょう》の向こうの出来事〟として終わらせてしまってはならないと、博士は言っているのだ。
その意味において、「世界市民」という観点《かんてん》が、一段《いちだん》と求められている。その原点《げんてん》は、「一人の人間を大切にする心」であろう。

（中略）

今、必要なのは、どこの国の人であろうと、わが友人、わが隣人《りんじん》と感ずることのできるような「開かれた心」である。

そして、生命の尊厳性《そんげんせい》を深く自覚した行動であろう。

世の中には、「自分一人では何も変えることはできない」という諦《あきら》めの風潮《ふうちょう》がある。

そんなことはない。一人が変われば、一人一人が行動すれば、必ず、周囲に、そして世界に、大きな影響《えいきょう》を及《およ》ぼしていける。

「一人の勇気の行動は、偉大《いだい》な変革《へんかく》をもたらす」――このことを確信《かくしん》して、青年らしい理想と、それぞれの夢《ゆめ》に向かって力いっぱい挑戦《ちょうせん》していってほしい。

## ストレス社会を朗らかに

息も詰《つ》まるような極度のストレスに満ちた現代《げんだい》社会。その病《びょう》相《そう》は、日本では過労死《かろうし》や自殺率《りつ》の悲劇的《ひげきてき》な高さなどに表れている。さらにそれは、子ども社会の痛《いた》ましい「いじめ」にも投影《とうえい》されていると言わざるを得ない。

希望の心理学で著名《ちょめい》なアメリカのマーティン・セリグマン博士は、現代の憂慮《ゆうりょ》すべき二つの潮流《ちょうりゅう》として、「ビッグ・アイ」（肥《ひ》大化《だいか》する自己《じこ》中心主義《しゅぎ》）と、それに対応《たいおう》する「スモール・ウィ」（希薄化《きはくか》する他者との関係性《せい》）とを指摘《してき》する。たしかに、この流れを変えることなくして、ストレス社会の深刻化《しんこくか》を食い止めることはできないであろう。

かつて、社会には、ストレスの多い環境《かんきょう》に置かれた人びとを支《ささ》えあう土壌《どじょう》があった。

残念ながら、今日、そうした条件《じょうけん》の多くは失われ、行き場を無くした人が増《ふ》えている。自分の抱《かか》える問題を心おきなく語《かた》り合える人間関係が、希薄《きはく》になっているからだ。

「ストレス」という言葉は、もともと物理の用語である。物体が外部の力を受けたときにできる歪《ゆが》みを表す言葉、これが転じて、人間の心身に当てはめて使われるようになった。

物理的圧力《あつりょく》にどれだけ耐《た》えられるかは、物質《ぶっしつ》によって異《こと》なる。ストレスにどれだけ対応《たいおう》できるかも、人によって、また置かれた環境によって違《ちが》ってくるのが、当然であろう。

ある人が耐え難《がた》いストレスと感じる仕事や人間関係でも、別の人にはストレスとはならないかもしれない。また、今はストレスと感じても、別の機会には、そうではない場合もある。さらに、結婚《けっこん》や昇進《しょうしん》など喜ばしいはずの出来事も、時として、ストレス反応《はんのう》を引き起こす要因《よういん》になりうる。

それゆえ、悩《なや》んでいる人へ「たいしたことではないよ」と励《はげ》ましたつもりの一言が、かえって追《お》い込《こ》み、ストレスをいっそう深刻《しんこく》にしてしまうことさえある。人間の心は機械ではない。まことに微妙《びみょう》である。

一次元から見れば、少なからぬストレス体験は、今日的な「自我《じが》」の観念に端《たん》を発《はっ》しているともいえよう。すなわち、現代人《げんだいじん》の自我《じが》は、いかなる状況《じょうきょう》にも、「自由な個人《こじん》」として、あくまでも一人で立ち向かうように課せられているし、期待されてもいる。

と同時に管理社会は、どうしても人間を単なる歯車の一つとして扱《あつか》おうとする。いつしか人は、巨大《きょだい》な時代の流れに対して無力であり、社会をよりよき方向へ変革《へんかく》することなど不可能《ふかのう》だと思い込《こ》まされてしまっている。

一方には過重《かじゅう》な期待と、他方には無力感――。この両者に引《ひ》き裂《さ》かれて、人はますますストレスに脆《もろ》くなる。

ゆえに、ストレスへの対処《たいしょ》を考えるうえで、「人間観の変革」が要請《ようせい》されている。つまり、人間には、限《かぎ》りない可能性《かのうせい》と脆さの両面が内在《ないざい》している。そして、お互《たが》いに支《ささ》えあうなかで、一人ひとりが強くなれることを、もう一重深く理解《りかい》していくことである。

ストレス学説の創始者《そうししゃ》ハンス・セリエ博士は、自らガンと闘《たたか》った体験をもとに、次のことを勧《すす》めている。

第一に、自分で決めた人生の目標を持つこと。
第二に、他者にとって必要な存在《そんざい》になることが、自分のプラスになるという生き方をすること、である。
人間の目は「前」についている。目標に向かって、前へ進みゆく存在である。とともに、苦しむ人びとに手を差しのべることによって、自分自身が悩《なや》みに決然と打ち勝つ力を増《ま》すことができるのだ。（中略）
他者とともに、他者のために、勇気をもって、一歩、行動に打って出ることによって、ストレスの大きい出来事さえも、より大きな生命力を得る機会と転じることができるのだ。

これからの時代、ストレスの原因《げんいん》が増《ふ》えることはあっても、減《へ》ることはないであろう。

だからこそ、それをしのぐ強さと賢《かしこ》さと、そして朗《ほが》らかさをもって、ともに支え合うネットワークを堅固《けんこ》に広げていきたいものである。

そのカギは〝同苦〟の力――人間の誰《だれ》もがもっている〝他者の苦しみに胸《むね》を痛《いた》める心〟にある。もちきれない重い〝心〟の荷物を、独《ひと》りで抱《かか》えている必要はないのだ。

# 女性の声が時代を動かす

いかなる組織《そしき》であれ、社会であれ、女性《じょせい》の知恵《ちえ》と力を大切にするか、否《いな》か。そこに、発展《はってん》への大きな鍵《かぎ》があることは、論《ろん》をまたない。

女性に十分な活躍《かつやく》の機会が開かれている組織は、新しい視点《してん》や幅広《はばひろ》いアプローチを生かしながら、活力をみなぎらせていくことができる。

最近のビジネス界の動向を見ても、積極的に多様性《たようせい》を受け入れている企業《きぎょう》ほど、創造性《そうぞうせい》にあふれ、変化への順応性《じゅんのうせい》に富《と》み、業《ぎょう》績《せき》を上げているという。

多様性を大切にすることは、個人《こじん》の権利《けんり》の尊重《そんちょう》にとどまらない。多彩《たさい》な英知や感性《かんせい》を結集することで、新たな創造力を発揮《はっき》し、社会そのものを豊《ゆた》かに調和させつつ、進展《しんてん》させていくことができる。その主軸《しゅじく》こそ、女性である。

複雑《ふくざつ》な問題を、一つひとつ、しなやかに、そして粘《ねば》り強く解《かい》決《けつ》していく力――。女性の特質《とくしつ》ともいえるその力を環境《かんきょう》運動で見事に発揮《はっき》してこられたのが、経済学者《けいざいがくしゃ》であり社会運動家である、ヘイゼル・ヘンダーソン博士である。

ご自身の言葉によれば、博士は「平凡《へいぼん》な一主婦《いちしゅふ》」であった。

（中略）

彼女《かのじょ》は、環境を破壊《はかい》して発展《はってん》する経済のあり方自体に、大きな疑問《ぎもん》を抱《いだ》き、その変革《へんかく》へ挑戦《ちょうせん》を始めた。だが、政治家《せいじか》や専門《せんもん》家《か》たちは取り合おうともしない。

巨大《きょだい》な企業や政府《せいふ》を相手に行動を重ねたため、「アメリカで最も危険《きけん》な女性」とまで揶揄《やゆ》された。夫の勤務《きんむ》先の社長にまで、非《ひ》難《なん》の手紙が送りつけられた。

「大学も出ていない主婦に、経済《けいざい》の仕組みがわかるものか！」とも嘲笑《ちょうしょう》された。

そのたびに「負けるものか」と奮起《ふんき》し、彼女は独学《どくがく》で経済学《けいざいがく》と生態学《せいたいがく》の猛勉強《もうべんきょう》を重ねた。やがて、最高権威《けんい》の学者らとも堂々と議論《ぎろん》しあえるまでの実力を身につけ、言うべきことを、はっきりと語っていった。

こうした彼女の信念と勇気を軸《じく》に、女性たちの声が大きく糾《きゅう》合《ごう》されていった。

近隣《きんりん》の人びとと立ち上げた「きれいな空気を守る市民の会」は、環境運動の先駆的《せんくてき》なグループとなった。やがて重要な環境保護《ほご》の法律《ほうりつ》が成立し、人びとの意識《いしき》と、企業や政府の運営《うんえい》方法にも、決定的な変化がもたらされていったのだ。

ヘンダーソン博士は、抽象論《ちゅうしょうろん》・観念論《かんねんろん》ではなく、常《つね》に、人間の健康や安全や幸福という具体的な現実《げんじつ》に焦点《しょうてん》を合わせている。だから、ぶれない。そして、たゆみなく水が流れゆくような持続の心で、諦《あきら》めず物事を貫徹《かんてつ》してこられた。（中略）

一日また一日を生きゆく、日常《にちじょう》生活の継続性《けいぞくせい》と一貫性《いっかんせい》——その中にある漸進的《ぜんしんてき》な変化のプロセスに、私は注目したい。

それは、往々《おうおう》にして、男性《だんせい》が主導《しゅどう》してきた「革命《かくめい》」のような暴力《ぼうりょく》を伴《ともな》う変化とは、際立《きわだ》った対照をなしている。長い間、男性は、あまりに女性《じょせい》の意見や努力を軽視《けいし》してきた。その傲慢《ごうまん》さの報《むく》いで、争いの絶《た》えない、殺伐《さつばつ》とした住みづらい社会をつくってしまったといっても、決して過言《かごん》ではあるまい。

ヘンダーソン博士は、〝これまで男性が引き起こしてきた問題に対して、女性たちは、まるで「汚《よご》れた食器を片《かた》づけるように」取り組んでいる〟と、大らかに笑いを発しておられた。

自分が今いる、その場所で、身近な現実を決して疎《おろそ》かにせず、縁《えん》する人びとを大事にし、生命を大切にしていこうとする――こうした女性の知恵《ちえ》と力が伸《の》びやかに反映《はんえい》される社会でこそ、地球的課題の打開も、世界の平和も、堅実《けんじつ》に前進していくに違《ちが》いない。

そのためには、男性の「意識《いしき》の革命」が、絶対《ぜったい》に不可欠《ふかけつ》である。

世界人権宣言《じんけんせんげん》の起草者の一人、エレノア・ルーズベルトが、すでに一九三〇年代の暗い時代に綴《つづ》っていた言葉が思い起こされる。

「安全、真の代議権、公正、賢明《けんめい》かつ正しい法律《ほうりつ》、より幸せで快適《かいてき》な生活、戦争の脅威《きょうい》がない未来。一千万の女性が、これを心から欲《ほっ》するのならば、行動に打って出なければなりません」(Roosvelt, Eleanor, "What Ten Million Women Want." The Home Magazine) と。

ヘンダーソン博士は、私に「二十一世紀は、男性と女性のパートナーシップの世紀にすべきである」と言われた。まったく同感である。

女性と男性が互《たが》いに尊敬《そんけい》しあいながら、未来の世代のための道を広々と開いていきたい。

誰《だれ》もが、個性豊《こせいゆた》かな「人間」として、そして、かけがえのない「生命」として尊重《そんちょう》される時代を、建設《けんせつ》していきたい。そうすれば、私たちは、人間の多様性という宝《たから》を享受《きょうじゅ》することができるであろう。

## 芸術が未来を創る

「舞台《ぶたい》での三分間の演技《えんぎ》は、舞台裏《うら》での三年間の努力によって支《ささ》えられる」

中国の「京劇《きょうげき》」の世界で語られる言葉である。

その鍛《きた》えぬかれた「中国京劇院」の方々を、私の創立《そうりつ》した民主音楽協会が招《しょう》へいしたのは、昨年（＝二〇〇六年）の夏であった。全国各地で、「三国志《さんごくし》」の英雄《えいゆう》・諸葛孔明《しょかつこうめい》の心を謳《うた》う熱演《ねつえん》が感銘《かんめい》を広げた。

芸術《げいじゅつ》は、一部のお金持ちの装飾品《そうしょくひん》でもなければ、贅沢品《ぜいたくひん》でもない。万人に開かれた宝《たから》である。

音楽、絵画、詩、舞踏《ぶとう》など——ジャンルを問わず、芸術家の魂《たましい》の格闘《かくとう》の結晶《けっしょう》との交流は、人間の価値《かち》や可能性《かのうせい》、生命の尊厳《そんげん》を再発見《さいはっけん》させてくれる。

とりわけ、それは、子どもたちの心の調和ある成長、全体的な人間形成のために、不可欠《ふかけつ》だ。

芸術は、人間の精神《せいしん》の大いなる滋養《じよう》である。

「いじめ」の問題、また殺伐《さつばつ》とした事件《じけん》などが、暗く渦巻《うずま》く時代である。だからこそ、若《わか》き命に、真の芸術との触《ふ》れあいを通して、「生きる喜び」「生きぬく力」を晴れ晴れと贈《おく》りたいものだ。

私も青春時代、手回しの蓄音機《ちくおんき》で聴《き》いたベートーベンの名曲に、どれほど疲《つか》れた心を癒《いや》し、試練に立ち向かう勇気を得たことだろう。

「芸術は、あらゆる人々を結合させます」（ロマン・ロラン『ベートーヴェンの生涯』片山敏彦訳、岩波文庫）とは、ベートーベンの叫《さけ》びであった。

芸術は、人間を結び、世界を結ぶ。美しい花に国境《こっきょう》はないように、芸術にも国境はない。あらゆる障壁《しょうへき》を越《こ》え、異《こと》なる文化の豊《ゆた》かさや美に目を開かせながら、地球大の友情《ゆうじょう》を広げる。

二〇〇一年の九月十一日。アメリカでの同時多発テロが、世界中を、震撼《しんかん》させた。

このとき、私どもの東京富士美術館《ふじびじゅつかん》では、翌月《よくげつ》に開幕《かいまく》する「女性美《び》の五百年」展《てん》の準備《じゅんび》に追われていた。

〝ロシアのモナリザ〟と呼《よ》ばれる名画「見知らぬ女」（トレチャコフ美術館蔵《びじゅつかんぞう》）をはじめ、世界五十四の美術館の代表作が一堂に会することになっていた。しかし、テロの余波《よは》で「作品を飛行機で運ぶのは危険《きけん》だ」との声も上がった。開幕《かいまく》一カ月前である。船便では間に合わない。

その不安を一掃《いっそう》したのは、芸術《げいじゅつ》の力を信ずる各国美術館スタッフの連帯であった。オーストリアの宮廷《きゅうてい》家具博物館のパレンツァン館長は、「私たちが希望を捨《す》てることは許《ゆる》されないのです。芸術の交流以外に、いかなる選択肢《せんたくし》があるでしょうか！」と力強い声を寄《よ》せてくださった。展覧会《てんらんかい》は予定通り開催《かいさい》され、いかなる野蛮《やばん》な暴力《ぼうりょく》にも屈《くっ》しない「文化の力」の深さと強さを清々《すがすが》しく示《しめ》したのである。

戦争中、日本の軍部権力《けんりょく》と戦い、獄死《ごくし》した信念の大教育者は、厳然《げんぜん》と言い放った。

①「利」の価値《かち》（広い意味での利益《りえき》の追求）
②「善《ぜん》」の価値（不正に対する正義《せいぎ》の追求）
③「美」の価値（芸術・文化の追求）

この三つが揃《そろ》って人間の真の幸福がある、と。


芸術は、人を創《つく》り、社会を創り、未来を創る。

私は、「世紀のバイオリニスト」メニューイン氏の言葉を忘《わす》れることができない。

「昼間、町を掃除《そうじ》する人々が、夜には四重奏《しじゅうそう》を演奏《えんそう》する。それが私たちの目指《めざ》す世界です」――

# 核兵器の廃絶へ

「いつの時代にも、どれほどわずかであれ、正義《せいぎ》を希求する尊《とうと》き声はあげられてきた。しかし、この暴力《ぼうりょく》と憎悪《ぞうお》の喧噪《けんそう》をもしのぐ正義の大音声を、今ほどあげねばならないときはない」

核兵器廃絶《かくへいきはいぜつ》と平和のため行動してきた世界的な科学者の団体《だんたい》「パグウォッシュ会議」の指導者《しどうしゃ》ロートブラット博士の忘《わす》れ得ぬ言葉である。

広島《ひろしま》・長崎《ながさき》への原爆《げんばく》投下から六十年を刻《きざ》む二〇〇五年八月、博士は逝去《せいきょ》された。九十六歳《さい》であった。その直前まで、博士が一《いっ》貫《かん》して訴《うった》えておられたのは、核軍縮《ぐんしゅく》をめぐる長年の停滞状況《ていたいじょうきょう》と、核拡散《かくさん》の危機《きき》への懸念《けねん》であった。

軍事技術《ぎじゅつ》の急速な発達により、最新のハイテク兵器を駆使《くし》した戦争は人びとの現実《げんじつ》や感情《かんじょう》からまったくかけ離《はな》れたものとなってしまった。一瞬《いっしゅん》にして、かけがえのない多くの命が奪《うば》われ、愛する郷土《きょうど》が破壊《はかい》され尽《つ》くす。そこには、犠牲者《ぎせいしゃ》とその家族の慟哭《どうこく》への一瞥《いちべつ》の余地《よち》さえない。

核兵器を頂点《ちょうてん》とする巨大《きょだい》な暴力の体系《たいけい》のもと、人が生命ある存在《そんざい》としてではなく、単なるモノとして扱《あつか》われる忌《い》まわしき事態《じたい》が生じている。

その厳《きび》しい現実のなかで、国際《こくさい》社会には、〝核廃絶など、やはり夢物語《ゆめものがたり》ではないのか〟といった諦《あきら》めや無力感も広がりつつある。

平和の建設《けんせつ》は、「諦め」と「希望」の競争である。「無力感」と「執念《しゅうねん》」の競争である。諦めの無力感が蔓延《まんえん》すれば、それに比例《ひれい》して〝力に頼《たよ》る風潮《ふうちょう》〟は増大《ぞうだい》してしまう。それこそが問題なのだ。

しかし、この世に、あの地獄《じごく》のような惨劇《さんげき》をもたらす兵器を生み出したのは、人間である。ならば、人間の英知で核兵器を廃絶できないわけがない。

ロートブラット博士の行動の足場となった「パグウォッシュ会議」が発足したのは、一九五七年である。地球全体を巻《ま》き込《こ》む形で、核軍拡《ぐんかく》の競争が急速に加速していった年であった。同じ年の九月八日、「核兵器の廃絶」を訴《うった》えたのが、私の師《し》である創価学会《そうかがっかい》の戸田城聖《とだじょうせい》第二代会長であった。

台風一過《いっか》のさわやかな秋晴れのその日、横浜《よこはま》で行われた五万人の青年らによる大集会での宣言《せんげん》であった。

「核《かく》あるいは原子爆弾《げんしばくだん》の実験禁止《きんし》運動が、今、世界に起こっているが、私はその奥《おく》に隠《かく》されているところの爪《つめ》をもぎ取りたいと思う」

「たとえ、ある国が原子爆弾を用いて世界を征服《せいふく》しようとも、その民族、それを使用したものは、悪魔《あくま》であり、魔ものである」

わが師《し》が、なぜ、これほどまで激《はげ》しい表現《ひょうげん》をもって、核兵器《かくへいき》を弾劾《だんがい》したのか。

それは、核兵器のもつ本質《ほんしつ》が、世界の民衆《みんしゅう》の生存《せいぞん》の権利《けんり》を奪《うば》う「絶対悪《ぜったいあく》」であることを、明らかにするためにほかならなかった。

他者をほしいままに支配《しはい》せんとするエゴイズムの魔性《ましょう》が、核兵器の保有《ほゆう》という究極の姿《すがた》で国家に体現《たいげん》された時代状況《じょうきょう》に対して、師は「生命論《せいめいろん》」の深き次元から強く警鐘《けいしょう》を鳴らしたのである。

核兵器の存在《そんざい》を戦争抑止《よくし》の「必要悪」とする思考が、核兵器廃絶《はいぜつ》への最たる障害《しょうがい》である。この障害こそ、取《と》り除《のぞ》かれなければならない。

恩師《おんし》の宣言《せんげん》は、核兵器を「絶対悪」ととらえたがゆえに、イデオロギーや国家の利害にとらわれず、〝力の政治《せいじ》〟の議論《ぎろん》にも惑《まど》わされることがなかった。人類の生存権に立脚《りっきゃく》した魂《たましい》の叫《さけ》びであった。「核抑止」や「限定核戦争《げんていかくせんそう》」が語られる半世紀後の今こそ、その普遍的《ふへんてき》な輝《かがや》きは、いや増《ま》していると確信《かくしん》してやまない。

核兵器の廃絶のためには、人間精神《せいしん》の抜本的《ばっぽんてき》な変革《へんかく》が不可欠《ふかけつ》である。六十年以上前の広島《ひろしま》・長崎《ながさき》への原爆《げんばく》投下以来、被爆者《ひばくしゃ》の方々は、絶望《ぜつぼう》をも使命へと転じて、核廃絶を叫《さけ》び続けてこられた。この〝内なる変革〟という気高き挑戦《ちょうせん》を継承《けいしょう》し、戦争自体の廃絶へと昇華《しょうか》しゆくことが、今を生きる私たちに課せられた責任《せきにん》であり、義務《ぎむ》であり、権利なのだ。（中略）

「核兵器と戦争に反対する」という叫びは、単なる感傷《かんしょう》や感情《かんじょう》などではない。それは「生命の尊厳《そんげん》」を直観する人間の最高の理性《りせい》の表れというべきである。

核拡散《かくかくさん》の恐《おそ》るべき現実《げんじつ》と直面している今こそ、現実の厚《あつ》い壁《かべ》を突《つ》き破《やぶ》る「希望の力」を一人ひとりの生命の奥底《おうてい》より呼《よ》び起《お》こす以外にない。

核兵器の闇《やみ》を克服《こくふく》するために、より多くの人びとが「自分も何かができる」という認識《にんしき》の革命《かくめい》をすること、そして世界の民衆が広く連帯し、強くたゆまず「破壊《はかい》の狂気《きょうき》を止めよ」と声をあげ続けることが、絶対《ぜったい》に不可欠なのである。

## 貧困は人権問題

今なお、世界で多くの人びとを苦しめているのが、「貧困《ひんこん》」の問題である。この「貧困」は、生命の尊厳《そんげん》を脅《おびや》かし、人間らしく生きるために必要な権利《けんり》や自由の享受《きょうじゅ》を、事実上、不可能《ふかのう》にしてしまうという意味で、きわめて深刻《しんこく》な「人権《じんけん》問題」といえる。

現実《げんじつ》に目を転じれば、今、この地球上で、極度の貧困ゆえに、栄養不足や飲み水・医薬品の欠乏《けつぼう》などに苦しみ、毎日、二万四千人近くもの人命が失われているという。

二〇〇〇年の九月、世界の首脳《しゅのう》が国連に集まり、二〇一五年までに、「一日一ドル未満で生活する人口」と「飢餓《きが》に苦しむ人口」を半減《はんげん》させることを目標として掲《かか》げ、その実現《じつげん》を厳粛《げんしゅく》に誓《ちか》い合った。後に「ミレニアム開発目標」としてまとめられた。

多くの資源《しげん》を消費し、豊《ゆた》かな生活をしている一部の人びとの陰《かげ》で、世界の多くの人びとが飢《う》えにさいなまれ、「人間の尊厳」を侵《おか》されている。両者の間に横たわる著《いちじる》しい不均衡《ふきんこう》から、憎《にく》しみや暴力《ぼうりょく》が生まれてくるのは、あまりにも痛《いた》ましい連鎖《れんさ》と言わざるを得ない。

「人権の無視《むし》及《およ》び軽侮《けいぶ》が、人類の良心を踏《ふ》みにじった野蛮行為《やばんこうい》をもたらした」と、『世界人権宣言《せんげん》』の前文において、痛切《つうせつ》に指《し》摘《てき》されている通りである。

仏法《ぶっぽう》の中心には「縁起《えんぎ》」という思想がある。一切の現象《げんしょう》は、さまざまな原因《げんいん》と条件《じょうけん》が相互《そうご》に関連し合って生ずる。誰《だれ》も一人では生きられない。どの国も、単独《たんどく》では存在《そんざい》できない。〝二本の葦《あし》束《たば》〟は寄《よ》り合《あ》うことで立つことができる。どちらかが倒《たお》れれば、両方とも倒れてしまう。

いま求められているのは、われわれは相互《そうご》に分かち難《がた》く連関しあっているという、〝世界市民〟としての意識《いしき》であろう。この明瞭《めいりょう》なる現実の認識《にんしき》と視座《しざ》に立つとき、自分たちのあり方を問い直さずにはいられないからだ。

貧困ゆえに尊厳なる生命が脅《おびや》かされ続けている人びとは、ある意味で、国際《こくさい》社会からの「無関心という暴力」に晒《さら》されていると言えまいか。悲惨《ひさん》な現実を知りながら、実際《じっさい》の行動を起こさずにいることは、臆病《おくびょう》との誹《そし》りを免《まぬが》れまい。

〝あまりにも長い間、引《ひ》き延《の》ばされた不正義《ふせいぎ》は、拒否《きょひ》された正義と同じである〟――。マーチン・ルーサー・キング博士が使ったこの言葉を、今こそ、想起すべきであろう。

希望はある。処方箋《しょほうせん》がないわけではない。NGO（非政府組《ひせいふそ》

織《しき》）をはじめ、多くの心ある団体《だんたい》や人びとが、貧困《ひんこん》との闘《たたか》いに挑戦《ちょうせん》している。（中略）

ただ、今なお、貧困の最底辺にある多くの地域《ちいき》が、国際《こくさい》社会からの支援《しえん》なしでは、自力で成長できる〝はしご〟の一段目《いちだんめ》にさえ足をかけられないほど疲弊《ひへい》しきっていることも事実である。だからこそ、大局観に立った政府機関にしかできない効果的《こうかてき》な援助《えんじょ》が必要なのだ。国連機関、現地《げんち》政府、ＮＧＯ間での協力も不可欠《ふかけつ》である。

ＵＮＤＰ（国連開発計画）の試算によれば、貧困問題の解決《かいけつ》にかかるコストは、全世界の所得合計の一％にすぎない。他方、世界各国の軍事費の総計《そうけい》は一兆ドルにも達する。こうした歪《ひず》みを正していくならば、〝人類家族の安全保障《あんぜんほしょう》〟は決して夢物語《ゆめものがたり》ではないのである。(中略)

今日、経済的《けいざいてき》な一体化によって、私たちの生活は、世界といっそう密接不可分《みっせつふかぶん》な結びつきを持つようになった。だからこそ、私たちの日常《にちじょう》生活も、そうした大きな文脈のなかで考え、とらえ直す必要性《せい》と可能性《かのうせい》が生まれている。

はたして、自分の行動は、はるかな国の人びとに、いかなる影響《えいきょう》を及《およ》ぼすのだろうか。そうした人びとの生き方から、学ぶべきことは何であろうか。貧困問題の解決のために、「一人」の人間が成し得ることは、決して少なくない。

ともあれ、人類の歴史は、虐《しいた》げられた人びとが新たな希望を持ち、創造力《そうぞうりょく》を発揮《はっき》できる道を歩むべきであろう。

こうした人びとが活力を得られるよう、国際社会が協力しあい、そこからすべてを発想することが、物質的《ぶっしつてき》にだけでなく、精《せい》神的《しんてき》にも世界を豊《ゆた》かにしていくに違《ちが》いない。

## 青年の力で国連の改革を

「われに『テコ』と『足場』を与《あた》えよ。しからば、地球をも動かしてみせよう」と叫《さけ》んだのは、二千二百年前のアルキメデスであった。

それは「テコの原理」を示《しめ》しているのみではない。ここには、人類の可能性《かのうせい》への信頼《しんらい》のメッセージが込《こ》められているのではないだろうか。いかなる難問《なんもん》であろうとも、必ず打開できる英知を、人間はもっているのだ、と。

一九六三年の九月、第十八回の国連総会《そうかい》で、アメリカのケネディ大統領《だいとうりょう》は、このアルキメデスの言葉を引用して語った。
「この地球とともに住む諸君《しょくん》よ。この各国の集会場を、われわれの足場としようではないか。そしてわれわれの時代に、この世界を正しい永続的《えいぞくてき》な平和に向かって動かせるかどうかやってみようではないか」（高村暢児編『絶叫するケネディ』学習研究社）
国連は、まさしく「人類益《じんるいえき》」を「テコ」として、地球を動かしていく壮大《そうだい》な挑戦《ちょうせん》の「足場」なのである。
地球温暖化《おんだんか》、金融危機《きんゆうきき》、貧困《ひんこん》と経済格差《けいざいかくさ》、テロ、食糧《しょくりょう》危機など、山積する地球的問題群《ぐん》を、人類は、どう打開していけばよいのか。その具体的な糸口は、人類が悲惨《ひさん》な二度の大戦を経《へ》て誕生《たんじょう》させた国連を、〝連帯の足場〟として、最大限《さいだいげん》に生かしていくなかでしか見出せないことは明白だ。

各国が旧来《きゅうらい》の国益《こくえき》中心の行動を、より「人類益」に立った思考に転換《てんかん》し、力を合わせていくための基軸《きじく》は、国連をおいて、他にはあり得ないからだ。自国あっての地球ではない。地球あっての自国である。この自明の理を各国が再認識《さいにんしき》していくことが強く求められているのだ。

もちろん、国連は、様々な課題を抱《かか》えている。世界からの期待に応《こた》えるためには、国連自体の強力な改革《かいかく》と蘇生《そせい》が必要である。

二十一世紀の国連の運営《うんえい》は、国境《こっきょう》を超《こ》えた「目的の共有」「責《せき》任《にん》の共有」「行動の共有」の三本の柱によって支《ささ》えられねばならない。それを、定着させるために、今までの型を破《やぶ》る、新しい発想と創造性《そうぞうせい》をもった「青年の力」が絶対《ぜったい》に欠かせないと、私は確信《かくしん》する。（中略）

今日の世界が抱《かか》える幾多《いくた》の問題を放置して、その大きな災禍《さいか》を負わされるのは、他でもない次の世代である。彼《かれ》らにこそ、最も大きな発言権《はつげんけん》があるはずだ。私心《ししん》なく目先の利害を超《こ》え、正《せい》義《ぎ》の心に燃《も》えて、長期的な展望《てんぼう》に立てるのも、青年の特権《とっけん》である。

私は、国連の討議《とうぎ》や諸機関《しょきかん》が各地で行う活動に、青年たちがさらに積極的に関わっていける制度《せいど》を確立《かくりつ》することがきわめて重要であると信じている。

政策《せいさく》決定の場に青年を参画させるという国連の取り組みの成果として、二〇〇八年の国連総会《そうかい》においては、十四カ国の代表《だいひょう》団《だん》に青年が加わっている。これは青年の有益《ゆうえき》な貢献《こうけん》に対する理《り》解《かい》と信頼《しんらい》の証《あかし》であり、国連加盟国《かめいこく》によるこうした努力がさらに啓発《けいはつ》を広げることを望みたい。

他方、国連の機構《きこう》に関していえば、経済《けいざい》社会局には「青年」に関する問題を扱《あつか》う担当窓口《たんとうまどぐち》がある。その格上《かくあ》げを図り、やがて「青年局」の設置《せっち》を目指すことも検討《けんとう》に値《あたい》するのではないだろうか。そして「青年担当」の事務総長《じむそうちょう》特別代表や、上級代表というポストを国連に常設的《じょうせつてき》に設《もう》けることも一案であろう。

また、広報局《こうほうきょく》のＮＧＯ（非政府組織《ひせいふそしき》）年次会議や、国連主催《しゅさい》の国際《こくさい》会議では、近年、青年の参加とその果たす役割《やくわり》に、ますます焦点《しょうてん》を当てている。

私は、こうした努力をさらに発展《はってん》させ、国連総会と直接《ちょくせつ》リンクした「プレミーティング」として、国連が世界の青年代表を招《まね》いて行う「青年総会」の設立《せつりつ》を訴《うった》えたい。そこでの討議が、毎年の国連総会に反映《はんえい》されるべきである。

ともあれ、若《わか》い世代の視点《してん》からの主張《しゅちょう》に、世界の指導者《しどうしゃ》が直接《ちょくせつ》、耳を傾《かたむ》ける機会が増《ふ》えていくことを、強く念願してやまない。

私は青年を信ずる。みずみずしい前進の心とエネルギー、新たな未来図を大胆《だいたん》に描《えが》く構想力《こうそうりょく》、たくましく難局《なんきょく》を突破《とっぱ》していく行動力――こうした青年の活力と智慧《ちえ》を引き出し、伸《の》ばし、育てていくことだ。そこに、人類の可能性《かのうせい》は行《ゆ》き詰《づ》まりなく開かれる。国連という「足場」を堅固《けんご》にし、地球を平和へと動かしゆく原動力も、青年から生まれることを忘《わす》れまい。

# V

# 私の青年時代

『私の履歴書』より

# 強情さま

私の履歴書《りれきしょ》はいたって平凡《へいぼん》である。最近（＝一九七五年当時）、羽田《はねだ》の東京国際《こくさい》空港の世話になることがひんぱんになったが、大森ちかくの高速道路を通るたびに、きまって幼《おさな》いころのことが一瞬《いっしゅん》頭に浮《う》かんで消えるのである。なにしろ生まれ故郷《こきょう》のことだ。いまは昔とすっかり変わってしまったが、それでも昔の俤《おもかげ》の痕跡《こんせき》がまったくなくなったわけではない。私はいまの東京・大田区の入新井《いりあらい》に昭和三年（一九二八年）正月二日、海苔《のり》屋《や》の伜《せがれ》として生まれ、幼時《ようじ》を糀谷《こうじや》で過《す》ごした。

私の幼いころは、浜《はま》の潮風《しおかぜ》が野面《のづら》を渡《わた》り、その野原のあちこちに、海苔製造業《せいぞうぎょう》の家々が散在《さんざい》していた。海岸から沖《おき》へかけて、海苔の竹ヒビ（篊）が均等《きんとう》な間隔《かんかく》で美しい模様《もよう》を見せながら遠く広がっていた。四季折々の花が咲《さ》く野原と波が打《う》ち寄《よ》せる砂浜《すなはま》は、私たちの格好《かっこう》の遊び場で、赤トンボが姿《すがた》を消す秋の終わりごろには、澄《す》んだ空の下で銀色の薄《すすき》の波がさわさわと揺《ゆ》れていた。そのころ右手にあった羽田飛行場は、のんびりしていて、練習機がときたまプロペラを鳴らしていた。

かつて大森一帯が、浅草《あさくさ》海苔の製造で全国一の覇《は》を唱えたことなど、いまは昔話になってしまったが、今日のように家が密《みっ》集《しゅう》し、町工場がひしめき始めたのは、昭和も数年すぎて、日本が第二次大戦への道に傾斜《けいしゃ》したころからのようである。今日の工業地帯が現出《げんしゅつ》する前は、大森海岸の一帯は漁村のたたずまいで、空にはスモッグもなく、海は透明《とうめい》で青かった。

子年生《ねどし》まれの父は、名を子之吉《ねのきち》といい、母は一《いち》で、私はその五男である。妙《みょう》なことだが、生まれてすぐ私は捨《す》て子《ご》にされた。私の生まれた昭和三年に、父は四十一歳《さい》で、ちょうど前厄《まえやく》の年に当たっていた。それで厄よけの迷信的《めいしんてき》風習から、私はとんだ目にあった。もっとも捨てた途端《とたん》に、拾う人もあらかじめ決めていて、そんな手はずになっていた。

ところが知人が拾う前に、誰《だれ》かが拾って駐在所《ちゅうざいしょ》に届《とど》けてしまったから、一時は大騒《おおさわ》ぎになった。消えた嬰児《えいじ》に、父母は大あわてにあわてたらしい。この話はよく聞かされたが、迷信《めいしん》はともかくとして、父母の心情《しんじょう》には私が丈夫《じょうぶ》に育って欲《ほ》しいという祈願《きがん》が込《こ》められていたのだろう。

父は一言でいえば、頑固《がんこ》な人であった。十八年前（＝一九五六年、享年《きょうねん》六十八）に亡《な》くなったが、生前、近所の人びとから〝強情《ごうじょう》さま〟と呼《よ》ばれていた。それで、私たちも「強情さまの子だな」で通ったものである。頑固の裏《うら》に、ばか正直な生《き》一本さが貫《つらぬ》かれていて、結局は人の好い父であった。

この頑固さは、先祖《せんぞ》伝来の気質《きしつ》であったらしい。江戸時代《えどじだい》の後期、天保《てんぽう》の大飢饉《ききん》の時（一八三〇年代）、打ちつづく天候異変《いへん》から全国的な凶作《きょうさく》となり、農民の餓死《がし》が各地で起こった。この惨状《さんじょう》に、幕府《ばくふ》は救助米《きゅうじょまい》を放出した。ところが、村の池田の祖先《そせん》は「もらう筋合《すじあ》いはない。草を食べてもなんとか生きていける。他の人に回してくれ」と言って、頑《がん》として救助米を受け取らなかったという。この話は、後でいろいろ粉飾《ふんしょく》されているとは思うが、このとき以来、村人たちは〝強情さま〟という名を奉《たてまつ》った。父もこの子孫である。

また、六尺《しゃく》（＝約百八十センチメートル）のかつぎ棒《ぼう》があったというが、この棒は、何代か前の当主が、品川から不入斗《いりやまず》（後に新井宿村《あらいじゅく》と不入斗村が合併《がっぺい》して、入新井《いりあらい》町になった）まで、「もし運んだら、米二俵《ひょう》やる」との話を真に受けて、下駄《げた》ばきのまま五キロの道をウンウンうなりながら帰ったという、そのかつぎ棒である。強情の血筋《ちすじ》は、代々みがきがかかったらしい。

この強情の父に、母はよく仕えた。海苔《のり》の仕事は手間暇《てまひま》のおそろしくかかる仕事である。朝早くから海苔採《と》り、日中は海苔干《ほ》し、それに炊事《すいじ》と育児、最盛期《さいせいき》の秋から冬にかけては、昼食など忘《わす》れたとのことだ。手はいつもあかぎれができていて、五十過《す》ぎるともう白髪《はくはつ》が目立つ母であった。

昭和にはいってからの父や母は、二・二六事件《じけん》、日中戦争、第二次世界大戦、終戦へとつづく激動期《げきどうき》に、いつも戦争の影《かげ》を背負わされて、思いまかせぬ人生を、精《せい》いっぱい耐《た》えて生きたことは確《たし》かである。平凡《へいぼん》ではあったとしても、善良《ぜんりょう》な庶民《しょみん》の誇《ほこ》りを、私は愛惜《あいせき》したい。

いまはすっかり年老いて七十九歳《さい》になる母（＝一九七六年死去、享年八十）は、病弱だった私を気づかって、会えば「体だけは丈夫《じょうぶ》にね」としか言わない。母はいつまでたっても母である。

（一九七五年二月一日）

# 庭ざくろ

近ごろは、ざくろは食用としてより園芸用として庭木などに使われるようになった。だが、私は、あのはじけた実を割《わ》り、中身を口にほおばって種子をよりわけながら味わった、あのほのかな甘《あま》ずっぱさが好きである。

二歳《さい》になって間もなく入新井《いりあらい》から糀谷《こうじや》三丁目に移転《いてん》した。広々とした屋敷《やしき》内に、そのざくろの木が一本あった。幹《みき》には、こぶがあって、なめらかな葉を茂《しげ》らせる。梅雨のころにだいだい色をおびた赤い花を咲《さ》かせると、光沢《こうたく》ある緑のなかで美しかった。黄赤色《おうせきしょく》に熟《じゅく》して厚《あつ》い果皮《かひ》が割《わ》れるのが楽しみで、秋になるとよく木に登って、もいだ。透明《とうめい》な淡《あわ》い紅色《べにいろ》の種子が懐《なつ》かしい。尋常《じんじょう》小学校へ入学する前であった。私は突然《とつぜん》、高熱を出し寝《ね》こんだ。肺炎《はいえん》であった。熱にうなされたことと、医者がきて注《ちゅう》射《しゃ》を打ってもらったことを、鮮明《せんめい》に覚えている。ようやく小康《しょうこう》を取《と》り戻《もど》したころ、母は言ったものである。

「あの庭のざくろをごらん。潮風《しおかぜ》と砂地《すなじ》には弱いというのに花を咲かせ、毎年、実をつける。お前もいまは弱くとも、きっと丈夫《じょうぶ》になるんだよ」。当時の家は海のすぐ近くで、歩いても十分とかからなかった。ざくろはそんな砂地にしっかり根を張《は》っていた。

人は人生のなかのいくつかの出来事を、仔細《しさい》にそのときの色調までをも、まるで絵のように覚えているものである。そんな光景には概《がい》して自分の生き方なり、来し方なりが密接《みっせつ》にかかわっているものである。若年《じゃくねん》の大半を病弱に悩《なや》まされつづけた私は、このときのことを忘《わす》れられない。

青少年時代の私の脳裏《のうり》から、人間の生死の問題がいつも去ることがなかったのは、やはり一貫《いっかん》して健康にすぐれなかったことと関係しているようだ。寝汗《ねあせ》をびっしょりかいて、うなされながら〝人間は死んだらどうなるんだろう〟などと、いま思えばたわいないが、少年らしい青くささで考えたのは、小学生のころであった。

昭和九年（一九三四年）に羽田《はねだ》の第二尋常小学校へ入学した。

（中略）

入学したころ、私はご多分にもれず腕白《わんぱく》であった。背《せ》は低くクラスでも前から数えたほうが早かったけれど、遊ぶときは負けていなかった。成績《せいせき》は中位《ちゅうくらい》であり、いたって平凡《へいぼん》な少年であった。特徴《とくちょう》らしいものはなにもなかった。

このころまでさしたる不自由もない少年時代を送ってきたのであったが、二年生の時に父がリューマチで病床《びょうしょう》に臥《ふ》し、寝《ね》たきりとなった。海苔《のり》製造業《せいぞうぎょう》で一番の男手を失うことは致命的《ちめいてき》である。縮小《しゅくしょう》せざるをえなくなり、使用していた人もやめていった。

援助《えんじょ》を頑《がん》として拒《こば》む父と、育ち盛《ざか》りの多くの子どものあいだで、母の苦労は並《なみ》たいていではなかったと思う。「他人に迷惑《めいわく》をかけると、お前たちが大きくなってから頭があがらなくなるぞ。塩をなめても援助を受けるな！」と強情《ごうじょう》な父は口ぐせのように言った。理屈《りくつ》はそうでも、生活は窮《きゅう》しに窮した。母は努めて明るく「うちは貧乏《びんぼう》の横綱《よこづな》だ」と言っていた。

学校に通う駒下駄《こまげた》の鼻緒《はなお》を買えずに、母がいつも編《あ》んでくれた。叔母《おば》が来て父のためのタバコを二、三箱、そっと置いていってくれたらしい。長兄《ちょうけい》の喜一はせっかく入った中学校をやめ、リヤカーを引いて野菜をいまの武蔵小杉《むさしこすぎ》に仕入れに行き、売って歩いた。私もたまに日曜などには、リヤカーの後押《あとお》しをして手伝ったものである。坂道を押すときのたいへんだったことを思い出す。

そんな折、見舞《みま》いに来た親類の人が、百円札を父に内緒《ないしょ》に、といって病床の枕《まくら》もとに置いていったという。死ぬまで父はそのことを知らなかったようだ。後年、義理堅《ぎりがた》い母はその人のことを私に初めて聞かせた。会長になってから二年後であった。私は即刻《そっこく》、時間を見つけてお礼を申《もう》し述《の》べに、その人の家へうかがった。申し訳《わけ》なかったが、約三十年たってからの感謝《かんしゃ》の辞となったしだいである。

（一九七五年二月四日）

# 寒風の中を

転居《てんきょ》してうれしかったのは、学区が同じで小学校をかわる必要がなかったことであった。だが生活は困窮《こんきゅう》する一方で、私はすぐ上の兄とともに新聞配達をした。たしか小学校六年のときから、高等小学校の二年間、計三年間配達した。月給は六円だったと記憶《きおく》している。

寒風の朝、手に吐《は》く息が白い。肩《かた》にずしりと食《く》いこむ新聞の感触《かんしょく》。家が密集《みっしゅう》してなかったので配達の区域《くいき》は広い。音をたてて新聞を折り、一軒《けん》一軒に投《な》げ込《こ》む。夕刊《ゆうかん》も配達した。冬の日の暮《く》れるのは早い。友がこたつで憩《いこ》う時間である。汗《あせ》ばんだ肌《はだ》がひんやりとするほど、外は寒かった。

配達を終えるとなにか今日もやったぞ、と爽快《そうかい》な気分になった。私はどちらかというと感傷《かんしょう》には負けたくなかった。何事も目の前にあることを乗《の》り越《こ》えることからスタートする。この経《けい》験《けん》はかならず生きるときがくると思いながら、街を走った。それから三十数年たっても、毎朝わが家に届《とど》けられる新聞に配達員の方の苦労がしのばれる。

いつのころからであろう。私は漠然《ばくぜん》とではあったが、将来《しょうらい》は新聞記者か雑誌《ざっし》記者になりたいと思うようになった。尋常《じんじょう》小学校、高等小学校、戦後の夜学生時代、私にはじっくり落ち着いて勉強できる環境《かんきょう》は、ついぞなかった。そのかわり本は読むように努力した。人に負けないほど読んだと思っている。文筆《ぶんぴつ》をこころざしたのも、読書が大きくあずかっていよう。

また新聞配達をしたことも、将来の希望へとつながっていったように思う。自分が抱《かか》えて走るこの新聞から、人びとは世界、社会の動きを知っていくのだ――という少年らしい感情《かんじょう》が生まれたことは事実である。私が配達していたころは、いま思えば日本中が異常《いじょう》なまでに、戦争の動向に関心を払《はら》わされた時代である。中国大陸での動きなどを伝えた新聞を、いまかいまかと待っている家庭が多かったにちがいない。

家計に余裕《よゆう》はなかったが、六年生の時、修学《しゅうがく》旅行に行けた。いまになれば母がそのために家計をやりくりしたことがわかるのだが、とにかく旅のうれしさのほうが大きくて、胸《むね》は躍《おど》った。伊勢《いせ》、奈良《なら》、京都など関西方面を四泊《はく》五日で旅行、行き帰りが車中泊《はく》である。とくに京都は明治維新《いしん》の舞台《ぶたい》であっただけに興味《きょうみ》をもったが、楽しく騒《さわ》いだことのほうが思い出として残っている。

友だちとワイワイ言いながら、私は母が用意してくれた小遣《こづか》いを第一泊目におごってしまい全部使い果たしてしまった。菓《か》子《し》を買っては気前よく皆《みな》に分けてばかりいた。ところが、おみやげを買うときになって困《こま》った。

六年生のときの担任《たんにん》のH先生もいい方だった。私にこう諭《さと》すのであった。「池田君、みんなにあげてばかりいないで、家にもおみやげを買っていくんだよ。お兄さんは兵隊に行っているんだろう。せめてお父さん、お母さんにおみやげを買っていくんですよ」――。

私がほとんど使い果たしたことを知って先生は、私をそっと物陰《ものかげ》に呼《よ》んでお小遣いをくれた。二円であった。私はお礼を言うよりも、ほっとした気分になって、あれこれおみやげを物色《ぶっしょく》したものである。

家に帰って父母におみやげを得意げに渡《わた》した。そのときに事のてんまつを話したところ、母は「先生のことは忘《わす》れてはいけませんよ」と言った。私はその後もH先生と文通をつづけている。

教育とは教室で習ったすべてを忘れ去《さ》ったあとにも、なおかつ心に残るなにものかであろう。六年生の担任の先生から、私は尊《とうと》いものを教えていただいた。師《し》の恩《おん》ということが、なにか古くさい、封建的《ほうけんてき》な考えのように思われがちな現在《げんざい》だが、教育に温かいぬくもりが失われがちな現代《げんだい》だけに、私は幸せであった。

そのころ、長兄《ちょうけい》も次兄《じけい》も出征《しゅっせい》していた。次々と兵隊にとられて、母は寂《さび》しそうであった。中国大陸への不当な侵略《しんりゃく》戦争は拡《かく》大《だい》し、ノモンハン事件《じけん》が起きていた。ナチス・ドイツ軍がポーランドに侵入《しんにゅう》し、第二次大戦が勃発《ぼっぱつ》したのは昭和十四年（一九三九年）である。わが家へも軍靴《ぐんか》は土足のまま踏《ふ》みこんできた。

母は働き手を次々に失って、困窮《こんきゅう》する家計のやりくりで苦労した。近くの海でとれる小魚が食卓《しょくたく》にいつものぼった。「骨《ほね》まで食べるんですよ」これが母の口ぐせであった。病弱の私になにか栄養をと思っても、それもできず、こう言うのが母の精《せい》いっぱいの愛情《あいじょう》だったのであろう。

（一九七五年二月六日）

# 汗と油

　昭和十七年（一九四二年）四月、私は家が近いということもあり、また、三番目の兄が勤《つと》めていた関係から蒲田《かまた》の新潟鉄工所《にいがたてっこうじょ》へ入社した。その前年の十二月八日、日本軍はハワイ真珠湾《しんじゅわん》を奇襲《きしゅう》し、太平洋戦争が始まっていた。その年《とし》の暮《く》れの二十五日は香港《ホンコン》占領《せんりょう》、明けて一月はマニラ、つづいて二月はシンガポールを攻略《こうりゃく》し、連戦連勝。まさに破竹《はちく》の勢《いきお》いで戦線は拡大《かくだい》されていく。戦局の転機となったといわれるミッドウェー海戦は、私が入社してから二カ月後であったので、世は戦勝気分が横溢《おういつ》していた。

新潟鉄工もまもなく海軍省の船舶本部《せんぱく》から技術将校《ぎじゅつしょうこう》が派遣《はけん》され、軍需《ぐんじゅ》工場として、艦船《かんせん》部門の一翼《いちよく》を担《にな》い、フル回転をしていった。軍国調の時代の波は、各工場や会社を洗《あら》い、社内には青年学校が設《もう》けられ、入社した者は、そこで軍隊的な教育・訓練を受けねばならない。修了年限《しゅうりょうねんげん》は五年間。ただし、私の場合は卒業を待つまでもなく、敗戦となり、工場の閉鎖《へいさ》とともに自動的に青年学校も消滅《しょうめつ》したのであったが……。

私たち新入社員は、A・B・Cの三クラスに編入《へんにゅう》され、一クラス五、六十人で授業《じゅぎょう》を受けた。私はBクラスであったように思う。授業時間は、午前中の場合もあったし、午後に行われたときもある。ともかく一日のうち、半日は各学科の勉強、残り半日は工場実習であった。半年あまりは、見習い期間で基本的《きほんてき》な機械操作《そうさ》を教《おし》えこまれた。

時代を反映《はんえい》してか、青年学校では、指導《しどう》教官や先輩《せんぱい》から下級生に対する往復《おうふく》ビンタなどもかなり激《はげ》しくとんでいた。のどかな学校生活というような雰囲気《ふんいき》はまったくない。ある日、一人の指導員がネジの切り方に関連して、方程式《ほうていしき》を黒板に書いて説明していた。ちょっと、その解析《かいせき》について十分に理解《りかい》できない点があったので、私は手をあげて問いを発した。

ところがその人は、突然《とつぜん》、怒《おこ》り出した。「そんなことはわからんでいい！　生意気なことを聞くな！」とどなる。私は驚《おどろ》いた。北海道や東北など地方からの出身者も多く、その同期の友人たちは、授業中にあまり質問《しつもん》などしなかったので、一人質問をする小柄《こがら》な青年がことさら目立って勘《かん》にさわったのであろう。時代は、軍人精神《せいしん》はなやかなりしころで「問答無用、オイ、コラ、黙《だま》れ！」と。人びとの心は荒《あ》れていたにちがいない。

私は、朝は、定刻《ていこく》の一時間ぐらい前には出社して、机《つくえ》や椅子《いす》を掃除《そうじ》することにしていた。別に、誰《だれ》から言われたことでもないのであるが、社会人としての第一歩を踏《ふ》み出《だ》したということで、大いに張《は》りきっていたからなのだろう。指導員《しどういん》の助手をしている先輩《せんぱい》が「そんなに毎日、一人で掃除をやらなくてもいいよ」と言ってくれたとき、親譲《おやゆず》りの清潔《せいけつ》好きな私は答えた。「でも、こうしてきれいにしておけば、皆《みな》、少しでも気持ちよく授《じゅ》業《ぎょう》を受けられ、仕事ができると思いますから……」と。これは、その当時のごく率直《そっちょく》ないつわらざる感情《かんじょう》であった。

青年学校の校服《こうふく》は、ちょうど南京袋《なんきんぶくろ》のような感じの粗《あら》い麻服《あさふく》であった。その作業衣を着ながら、鉄塊《てっかい》や図面に挑《いど》んだ。タガネを左手に持ち、大きなハンマーで力いっぱい打《う》ちこむのであるが、棒《ぼう》のような細いタガネにハンマーが命中するかどうか自信がないので、ついタガネの位置とハンマーの行く手を見てしまう。しかし、そのような姿勢《しせい》をとると力がはいらないから、との注意を受ける。手元など見ないで腰《こし》から力を入れ、肩《かた》の後ろから全力でハンマーを振《ふ》りおろせ、と。初めのうちは、やはり、左手の人差し指に、タガネの頭を打ちそこねたハンマーがもろに当たり、骨《ほね》が砕《くだ》けるような激痛《げきつう》を覚えた。毎日、血豆ができ、指は真っ赤にはれあがり、ずいぶんと痛《いた》い思いをした。不器用な私には、先輩、同僚《どうりょう》の見事な技術《ぎじゅつ》が、うらやましくてならなかった。

六尺《しゃく》のタレット旋盤《せんばん》でネジを切る。油が飛ぶ。普通《ふつう》旋盤で鉄《てつ》棒《ぼう》を切断《せつだん》し、ミーリングを使って穴《あな》をあけ、フライス盤を操作《そうさ》して次々と切削《せっさく》作業を行う。モーターの音が工場内に響《ひび》く。熱をもって赤く焼けた鉄粉が飛び散り、やけどの危険《きけん》がつきまとう。油にまみれ、汗《あせ》を流し、神経《しんけい》を鋭《するど》く張《は》りつめながら、私は、精《せい》いっぱいに働きつづけた。

いま思うとき、当時、身につけた機械工作の基礎的《きそてき》技術が、どういうわけか現在《げんざい》でも人生を語るときになにかと役に立って感《かん》謝《しゃ》している。

（一九七五年二月八日）

# 忘れ得ぬ鏡

敗戦――。それは私にとって一つの大きな区切りであった。敗戦は予想されていた。いつくるかが問題であった。しかし実際《じっさい》に敗戦となると、感慨《かんがい》は深かった。

戦争は生活のすみずみに投影《とうえい》されていた。行動のすべては、戦争とつながっていた。昭和三年（一九二八年）前後に生まれた世代にとっては、それが実感であったと思う。その戦争が今日（＝昭和二十〈一九四五〉年八月十五日）で終わった。天皇《てんのう》の名で始まり、天皇の名で遂行《すいこう》された戦争が、玉音《ぎょくおん》放送で終わった。

これから新しい日々が、まったく新しい日々が始まろうとしている。そのひめやかな予感のなかで、十七歳《さい》の私は不安と期待を交錯《こうさく》させていた。

しかし現実《げんじつ》には、人びとは生きていくのに精《せい》いっぱいであった。荒廃《こうはい》した街に残ったのは、食糧事情《しょくりょうじじょう》のいよいよの悪化であった。四人の兄は終戦後も外地より復員《ふくいん》せず、私がイモの買い出しに出かけた。千葉方面へ満員列車で向かう。人びとは争って食糧を求めた。車中には敗戦の空虚《くうきょ》さはともかく、庶民《しょみん》の雑《ざっ》草《そう》のような根強さがあった。時代がどう動こうとも必死に生きていこうとする庶民の哀歓《あいかん》は、好ましい世界でもあった。リュックにイモを背負《せお》っての帰り、私は一種の喧噪《けんそう》のなかに身をまかせつつ、これからの進路を思った。

当時の母はわが子の復員のみが希望だった。とくに長兄《ちょうけい》・喜一のことは気がかりのようであった。中国大陸から南方へ向かって以後、音信は途絶《とぜつ》している。もしか戦死したのでは……という思いを口にすることは、かわいそうで、とてもできなかった。

長兄と私を結ぶ鏡の破片《はへん》がある。なんの変哲《へんてつ》もない、約一センチの厚《あつ》さの破片である。鏡は母が父に嫁《とつ》ぐときに持参したものので、いつの日だったか割《わ》れてしまった。その鏡の破片を長兄も私ももっていたのである。長兄は大切にそれをもって出征《しゅっせい》した。私は自分の手元にある鏡を手にするたびに、戦場の兄を思ったものである。空襲《くうしゅう》のときも、私はその鏡の破片を胸《むね》に焼夷《しょうい》弾《だん》をくぐった。

終戦後、三番目の兄が二十一年（一九四六年）一月十日、まず復員した。つづいてすぐ上の兄が同年八月十七日復員、栄養失調でまるで幽霊《ゆうれい》のようだったことを覚えている。そして一カ月後の九月二十日、二番目の兄も帰ってきた。だが長兄《ちょうけい》の消息は依然《いぜん》としてわからなかった。やがて終戦から二年目の年が明けた。冬が過《す》ぎ、焼《や》け跡《あと》にも桜《さくら》が咲《さ》いた。しかし、長兄は帰ってこなかった。母は夢《ゆめ》に見たとよく話した。「喜一は、大丈夫《だいじょうぶ》、大丈夫だ、かならず生きて帰ってくる、と言って出ていった」。母はこれを口にすることで、みずからを励《はげ》ましていたようである。

空に初夏の雲が流れるようになった五月三十日であった。役所の年老いた人が一通の便りをもって訪《たず》ねてきた。わが家は終戦直後に馬込《まごめ》のおばのところから、森ケ崎に移転《いてん》していた。父の家作《かさく》だった家である。一通の便りを届《とど》けるのに、役所はひどく手間どったそうである。空襲《くうしゅう》でほとんどの家が親類、知人を頼《たよ》りに転々としていた状況《じょうきょう》だったから、それはやむをえないことであったろう。

母がていねいにお辞儀《じぎ》をして書状《しょじょう》を受け取った。受け取ってすぐ母は後ろを向いてしまった。母の背《せ》が悲しげだった。その書状は戦死の公報《こうほう》であった。それによると二十年（一九四五年）一月十一日、享年《きょうねん》二十六歳《さい》（正しくは二十九歳だが、公報《こうほう》では二十六歳と表記されている）ビルマ（現《げん》ミャンマー）で戦死、となっていた。遺骨《いこつ》を受け取りにくるように、ということで兄が品川まで行った。帰ってきた遺骨を抱《だ》きかかえるようにした母の姿《すがた》を、私は見ることができなかった。以来、母はめっきりと年老いたようである。父もゼンソクや心臓《しんぞう》が悪くなり寝《ね》こむことが多くなった。強情《ごうじょう》な父、いつも努めて明るくあろうとした気丈《きじょう》な母も、長兄の戦死の報《しらせ》に心中深く、思いっきり泣いたにちがいない。

それから五年後、私は結婚《けっこん》したが、鏡の破片《はへん》はいまも私の手元にある。妻《つま》が桐箱《きりばこ》に入れて大事にしまっているが、ビルマに散った兄の忘《わす》れがたみとしている。後年、仏教発祥《ぶっきょうはっしょう》の地・インドへ赴《おもむ》いた途次《とじ》、私はラングーン（現ヤンゴン）に寄《よ》った。無名戦士の墓《はか》に詣《もう》でて、心から冥福《めいふく》を祈《いの》ることができた。戦争の無残さを、私は南の空の青さとともに、この胸《むね》にしっかりと刻《こく》印《いん》して帰ったのである。

（一九七五年二月十二日）

# 森ケ崎海岸

「国破《やぶ》れて山河在《さんがあ》り　城春にして草木深し　時に感じて花にも涙《なみだ》を濺《そそ》ぎ……」（『杜詩《とし》』鈴木虎雄訳注、岩波文庫）。この有名な杜甫《とほ》の詩「春望《しゅんぼう》」が、ふと浮《う》かんできた。これは、敗戦の焦土《しょうど》に生きる十代の青年にとって実感であったといえよう。私は、森ケ崎の海岸をよく友人と歩いていた。夜の浜《はま》は磯《いそ》の香《か》高く、微《び》風《ふう》が頬《ほお》をそっとなでる。打《う》ち寄《よ》せる波は、冴《さ》えた月光に照らされて、ときに銀色に輝《かがや》いた。

くずれかけた草深い土手の奥《おく》から、虫の鳴き声が聞こえてくる。孤独《こどく》の友と、哲学《てつがく》を語り、文学を語った。そして、生と死とを――。貧窮《ひんきゅう》の彼は、キリスト教信者になるという。

「先日、内村鑑三《うちむらかんぞう》の『代表的日本人』(鈴木俊郎訳、岩波文庫)を読んだが『……あの実に重要なる死の問題、――それは凡《あら》ゆる問題中の問題である。死のあるところ、宗教《しゅうきょう》はあらねばならぬ』とあったよ」「うん、その死ということなんだが……」「いったい生命とは?」

静かな議論《ぎろん》はつづいた。だが私は、キリスト教には魅《み》せられない。

次の日は、一人で散歩した。少年の日、泳ぎを覚えた南埋川《みなみうめがわ》の石垣《いしがき》に腰《こし》をおろす。光を反射《はんしゃ》する水面を眺《なが》め、思索《しさく》するのも楽しかった。幼《おさな》い日は、ボラやハゼが海から上がってくるのを、夢中《むちゅう》になって釣《つ》った。「エビとり川」と小さい私たちが呼《よ》んで、よくエビやアサリを採《と》りに行った深土《ふかんど》の岸辺も訪《おとず》れた。対岸は、羽田の空港である。空に舞《ま》い上がる飛行機も、ほとんど米軍機ばかり……。

生活に疲《つか》れた人びとは、溜息《ためいき》と吐息《といき》の連続。皆《みな》、その日その日をしのぐのに精《せい》いっぱいであった。消沈《しょうちん》、焦《あせ》りの目、哄笑《こうしょう》の渦《うず》。生活の様式が大きく変わり、既成《きせい》の価値観《かちかん》が逆転《ぎゃくてん》し、あわただしく変動する時代に、いかに生きていくかはむずかしい問題であった。戦後の荒廃《こうはい》と虚脱《きょだつ》が、思考力まで喪失《そうしつ》してしまった人間を生み出す。このような世には、なにかしら抵抗《ていこう》せざるをえない。家の付近に住む二十歳《さい》から三十歳ぐらいまでの学生、技術者《ぎじゅつしゃ》、工員、公務員《こうむいん》など二十人ほどの青年たちが集まって、読書サークルを作っていたが、私もそのメンバーに加わり、人生の指標を探《さが》していた。

当時、乏《とぼ》しい小遣《こづか》いを蓄《たくわ》えて、意を決して買ったのは真新しい机《つくえ》と椅子《いす》であった。これも、懸命《けんめい》になって何かを学び、知りたいという当時の心の飢餓《きが》からくる欲求《よっきゅう》のあらわれであったのであろう。森ケ崎のわが家の六畳間《じょうま》にすぐ上の兄と同室していたのである。が、デンと置いた私の机は、兄の生活領域《りょういき》をかなり侵蝕《しんしょく》したにちがいない。

戦時中の勤労《きんろう》動員により、若者《わかもの》たちは頭脳《ずのう》のブランクを埋《う》める必要を感じていた。年配者の多くは、敗戦という大激変《だいげきへん》により虚脱状態《きょだつじょうたい》にあったが、青年は新しい知識《ちしき》を求めていた。物心ついてから、天皇《てんのう》を絶対《ぜったい》とする国家主義《しゅぎ》をたたきこまれていた私たちの世代は、いっさいが空虚《くうきょ》と化したことを知ったのであるが、まだまだ新しくやり直す気概《きがい》には燃《も》えていたのである。

二回目の終戦記念日を迎《むか》えようとしていた蒸《む》し暑《あつ》い真夏のある夜である。小学校時代の友だちが訪《たず》ねてきて「生命哲学《てつがく》について」の会があるからこないかという。生命の内的自発性《ないてきじはっせい》を強調したベルクソンの「生の哲学」のことかと、一瞬《いっしゅん》思って、尋《たず》ねてみたが「そうではない」という。私は興味《きょうみ》を持った。約束の八月十四日、読書グループの二人の友人と連れ立って、その「生命哲学」なるものを聞きに向かった。

占領下《せんりょうか》の東京、城南《じょうなん》一帯はまだ焼け野原。小さなバラックや防空壕《ぼうくうごう》がいまだに散在《さんざい》している。夜。窓《まど》からもれてくる裸電球《はだかでんきゅう》の灯も薄暗《うすぐら》い。八時過《す》ぎ、街灯もない暗い道を歩いていった。めざす家の玄関《げんかん》を入ると、二十人ばかりの人びとがいたが、ややしゃがれた声で、屈託《くったく》ない声でしゃべっている四十代の人の顔が目に入った。広い額《ひたい》は秀《ひい》でており、度の強い眼鏡《めがね》の奥《おく》が光る。その座《ざ》は、不思議な活気が燃《も》えていた。自由闊達《かったつ》な話を聞いていると、いかなる灰色《はいいろ》の脳細胞《のうさいぼう》でも燦然《さんぜん》と輝《かがや》き出すような力があった。

この人物が、私の人生を決定づけ、私の人生の師《し》となった戸《と》田城聖《だじょうせい》先生であった。

（一九七五年二月十五日）

# 人生の師

この日（昭和二十二〈一九四七〉年八月十四日）、この運命の師《し》と会ったことが、私の生涯《しょうがい》を方向づけることになったのであるが、そのときは知るべくもなかった。ただ、初対面ながらも不思議に親しみの情《じょう》がわき上がってくるのを禁《きん》じえなかった。講義《こうぎ》と質問《しつもん》への応答《おうとう》が一段落《いちだんらく》すると、戸田先生は微笑《びしょう》しながら「いくつになったね」と尋《たず》ねられた。仁丹《じんたん》をかみ、たばこをふかしておられた。十九歳《さい》ということを耳にして、ご自身も故郷《こきょう》の北海道から東京へ初めて上京したときもそんな年ごろだった、と懐《なつ》かしげに語られる。

私は、「教えていただきたいことがあるのですが……」と質問をした。「正しい人生とは」「本当の愛国者とは」「天皇《てんのう》をどう考えるか」、この三点であった。直截簡明《ちょくせつかんめい》な、しかも誠実《せいじつ》な答えが返ってきた。少しの迷《まよ》いもなく、理論《りろん》をもてあそぶようなこともない。「これだ！」と思った。この人の言っていることは本当だ！　私は、この人なら信じられる、と思った。いっさいのものあまりにも急激《きゅうげき》な変化のためであろう、なにも信じられない、といったような心とともに、しかし、なにかを探《さが》し求めていたのである。

深い深い思いにふけり、自己《じこ》の心の山々の峰《みね》をいかに越《こ》えようか、と考えながらも結論《けつろん》が得られずに悩《なや》んでいた私にとって、戸田先生との邂逅《かいこう》は決定的な瞬間《しゅんかん》となってしまった。その屈託《くったく》のない声は、私の胸中《きょうちゅう》の奥深《おくぶか》くしみ入ってきたといってよい。私はなにかしらうれしかった。その日、自分の所懐《しょかい》を即興《そっきょう》の詩に託《たく》して誦《しょう》した。

旅びとよ
いずこより来り
いずこへ往《ゆ》かんとするか

月は　沈《しず》みぬ
日　いまだ昇《のぼ》らず
夜明け前の混沌《カオス》に
光　もとめて
われ　進みゆく

心の　暗雲をはらわんと
嵐《あらし》に動かぬ大樹《たいじゅ》求めて
われ　地より湧《わ》き出《い》でんとするか

夜十時近く、その家を辞した。蒸《む》し暑《あつ》い夏の夜であった。快《こころよ》い興奮《こうふん》と複雑《ふくざつ》な心境《しんきょう》が入《い》り混《ま》じり、精神《せいしん》は緊張《きんちょう》していた。当時の青年にとって、宗教《しゅうきょう》なかんずく仏教《ぶっきょう》の話ほど、無縁《むえん》の存在《そんざい》はなかったといってよい。正直いって、そのときの私自身、宗教、仏法《ぶっぽう》のことが理解《りかい》できて、納得《なっとく》したのではなかった。戸田先生の話を聞き、姿《すがた》を見て、「この人なら……」と信仰《しんこう》の道を歩む決意をしたのである。

さらに、話を聞くと、この戸田先生という人物は、戦時中、あの無謀《むぼう》な戦争に反対し、軍部独裁《どくさい》の国家権力《けんりょく》の弾圧《だんあつ》にもかかわらず毅然《きぜん》として節《せつ》を曲げずに、昭和十八年（一九四三年）、治安《ちあん》維持法違反《いじほういはん》ならびに不敬罪《ふけいざい》で検挙《けんきょ》され、投獄《とうごく》されながらも己《おの》れの信念を貫《つらぬ》き通《とお》したというではないか。これは決定的な要素《ようそ》であった。二年間の獄中《ごくちゅう》生活に耐《た》え、軍国主義《しゅぎ》思想と戦った人物には、信念に生きる人間の崇高《すうこう》さと輝《かがや》きがある。極論《きょくろん》すれば、当時の私にとっては「戦争に反対して獄にはいったか否《いな》か」ということが、その人間を信用するかしないかを判断《はんだん》する大きな尺《しゃく》度《ど》になっていたといっても過言《かごん》ではない。（中略）

十日後の八月二十四日の日曜日、私は、創価学会《そうかがっかい》の一員として出発することになった。

それからの日々、私は戸田先生との運命的な出会いを深化させながら、生涯《しょうがい》、人間革命《かくめい》を断行《だんこう》し、宗教革命、社会革命に自分を捧《ささ》げつくせるか否かの自己検討《じこけんとう》をしていた。決して強靱《きょうじん》とはいえない自分の身体とのかかわりあいもあったからである。しかし、私は、やがてルビコンを渡《わた》った——。他に道がなかったからである。仏法教義《きょうぎ》とその現実《げんじつ》の実践《じっせん》との振幅《しんぷく》に悩《なや》みながら。

（一九七五年二月十六日）

# 日本正学館

恩師《おんし》との出会いから一年四カ月後、私は戸田先生の経営《けいえい》していた出版社《しゅっぱんしゃ》・日本正学館《しょうがっかん》で働くことになった。それまでの期間、私は私なりにひたすら今後の生き方と仏法《ぶっぽう》について思索《しさく》した。私にもし、いくばくかの逡巡《しゅんじゅん》があったとするならば、それは仏法の信条《しんじょう》のままに生《い》きぬくならば、多くの苦難《くなん》の道が待っているであろう、とつねづね感じていたことによる。それは最終のふんぎりといってよかった。

信仰《しんこう》した翌年《よくねん》の八月には夏季講習会《こうしゅうかい》に参加した。座談会《ざだんかい》にも夜学で時間のないなか、なんとか都合をつけて出るようにしていた。座談会の帰り道、先輩《せんぱい》を見送りながら蒲田《かまた》駅までの三十分、星空のもと仏法談義《だんぎ》を交わしたりもした。私の関心は人間の生と死という、思想上の根本的な課題にあった。

すべてが納得《なっとく》できたわけではなかった。しかし私の脳裏《のうり》に魅力《みりょく》あふれる恩師の姿《すがた》がいつもあった。入会後もいくたびかお会いし、私はますますその強い信念に打たれていたのである。今日まで悔《く》いのない道を歩みつづけてこられたのは、まったくもって恩師のおかげである。

昭和二十三年（一九四八年）の秋、戸田前会長の出版社で働いてみないかと突然《とつぜん》聞かれたとき、一も二もなく「お願いします」と即座《そくざ》に答えた。まだ蒲田工業会に勤《つと》めていたので、仕事の一区切りまで時間を要した。辞めることになったとき、上司と同僚《どうりょう》がささやかながら心のこもった送別会を催《もよお》してくれたことを、いまも忘《わす》れない。

日本正学館への初出社は二十四年（一九四九年）の、松もとれない一月三日である。戸田先生から「来年から来い」と言われていたのでそうしたのだが、西神田の事務所《じむしょ》へ弁当《べんとう》を持って、朝八時に出社した。ところが誰《だれ》もきていない。九時までに掃除《そうじ》を終え十時になった。まだ社員はこない。そうこうするうち、一通の戸田先生あての電報《でんぽう》が届《とど》く。私はお宅《たく》へ持っていくことにしたが、このときが戸田前会長の家を訪問《ほうもん》した最初である。

事務所は二階建てで一階が営業《えいぎょう》などの事務関係、二階へ通じるところに中二階があり、二階は八畳《じょう》の部屋と、それより小さい部屋が二間つづいてあった。編集室《へんしゅうしつ》は裏手《うらて》の小さい部屋である。戸田先生は八畳《じょう》の部屋におられ、手前の部屋と合わせて、ここで法華経《ほけきょう》の講義《こうぎ》などをされた。

「松下村塾《しょうかそんじゅく》は小さな八畳の部屋が講義室だった。この部屋も小さいが、ここからかならず未来の人材が陸続と輩出《はいしゅつ》する」と、よく先生は言っておられた。

戸田先生は戦前も時習学館《じしゅうがっかん》を経営《けいえい》し、出版事業《しゅっぱん》を行っていた。戸田城外著《ちょ》の『推理式指導算術《すいりしきしどうさんじゅつ》』はベストセラーになっている。戦後はいち早く通信講座《こうざ》の出版を行うなど実績《じっせき》があった。混乱《こんらん》期《き》ゆえ用紙の確保《かくほ》からしてたいへんであったろうが、入社したころは婦人《ふじん》向けの雑誌《ざっし》『ルビー』と、私が編集することになった少年雑誌『冒険《ぼうけん》少年』を発行していた。

編集部員といっても編集長と私のほか数人、それに使い走りのアルバイトの学生である。当然、企画《きかく》から編集、原稿《げんこう》、挿絵《さしえ》の依頼《いらい》、受け取り、校正まで、いっさいをしなければならなかった。それでも少年のころからの新聞記者か雑誌記者になりたいとの希望が実現《じつげん》した喜びで、大いに張《は》りきって仕事をしたものである。

それに私は元来、子ども好きである。敏捷《びんしょう》な体、澄《す》んだ瞳《ひとみ》、弾《はず》む心、子どものすべてを愛した。若《わか》さゆえのひたむきさで、私は本気になって日本一の、子どもたちに愛される少年雑誌を、と駆《か》け回《まわ》ったものである。

ところが大手の出版社に押《お》され、本はなかなか売れなかった。当時、『少年』や『少女』がかなりの部数を出していた。私は一つには宣伝《せんでん》の弱さを痛感《つうかん》していた。経営が苦しいことは百も承知《しょうち》していたが、戸田社長に宣伝してほしい、と申し出た。しかし、かなわぬことに思えた。

『冒険少年』の七月号から私は編集を全面的に任《まか》された。駅でもバスの停留所《ていりゅうじょ》でも街を歩きながらでも、私は始終、少年たちが何を読んでいるのか気にしていた。小学校の前に行って子どもたちにどういう内容《ないよう》を読みたいか、尋《たず》ねたりもした。

それでも部数は伸《の》びず、逆《ぎゃく》に返本がかさむようになった。『ルビー』がまず廃刊《はいかん》となり、『冒険少年』も『少年日本』と改題し、心機一転、出直すことになった。これは私のつけた名である。

（一九七五年二月十七日）

# 若い結婚

妻《つま》が、私の目の前に一人の若《わか》い女性《じょせい》として急に浮《う》かび上《あ》がってきたのは、昭和二十六年（一九五一年）の夏である。新潟鉄《にいがたてっ》工所《こうじょ》時代、荏原《えばら》中学校の学徒動員できていた白木《しらき》という学生がいた。その後、彼《かれ》の家が戦前からの会員であることを知った。ある会合の帰路、彼は「妹です」と言って、彼女《かのじょ》を紹介《しょうかい》したのである。当時、彼女は都心の銀行に勤《つと》めていた。やがて幾度《いくど》となく顔を合わせることが多くなった。七月のある日の夕暮《ゆうぐ》れ、私は学会員宅《たく》で予定されていた会合に飛《と》び込《こ》んだ。そこには彼女が一人だけいた。戸外では雷鳴《らいめい》が遠く近く鳴りひびき、静寂《せいじゃく》な部屋のなかは二人だけの沈黙《ちんもく》が支配《しはい》していた。

二十三歳《さい》という青春の脳細胞《のうさいぼう》の仕業であったのであろうか、私は、かたわらにあったワラ半紙に、一片《いっぺん》の抒情詩《じょじょうし》を書いて渡《わた》した。

「吾《わ》が心　嵐《あらし》に向かいつつ

吾が心　高鳴りぬ……」

夢中《むちゅう》だったにちがいない。紙片《しへん》が広げられようとしたとき、私はそれを押《お》し止め、「あとで……」と言《い》い添《そ》えた。彼女はハンドバッグに素直《すなお》にしまいこんだ。

彼女との文通が始まった。活動の場が近かったということもあって、多摩川《たまがわ》の堤を二人でよく歩いた。夕焼け雲は赤く、微《び》風《ふう》は心爽《さわ》やかであった。矢口《やぐち》の渡《わた》しから対岸へ一艘《そう》の舟《ふね》が向かう。静かな川の流れは、波打つ岸辺の草を洗《あら》い、小鳥たちが宿を探《さが》して飛んでいく。日が暮《く》れ、宵闇《よいやみ》が迫《せま》ってくる。

だが、遊戯的《ゆうぎてき》な安易《あんい》さはなかった。アンドレ・モーロワの結《けっ》婚訓《こんくん》に「結婚に成功する最も肝要《かんよう》な条件《じょうけん》は、婚約《こんやく》の時代に永久《えいきゅう》的《てき》な関係を結ぼうとする意志《いし》が真剣《しんけん》であることである」(『結婚・友情・幸福』河盛好蔵訳、新潮社)とあるが、二人とも幾多《いくた》の苦難《くなん》の坂も励《はげ》ましあって進もうと語り合った。私は聞いた。生活が困窮《こんきゅう》していても、進まねばならぬときがあるかもしれない。早く死んで、子どもと取り残されるかもしれない。それでもいいのかどうか、と。彼女は「結構《けっこう》です」と、微笑《ほほえ》みながら答えてくれた。

私ども二人の心中を訊《き》かれた戸田先生は、双方《そうほう》の親への了解《りょうかい》をとってくださることになった。夏が過《す》ぎ、秋も去った冬の寒いある日である。戸田先生は、一人で蒲田《かまた》の私の実家をわざわざ訪問《ほうもん》してくださった。頑固一徹《がんこいってつ》の父は、初対面であったが、家を出た息子が師事《しじ》しているという磊落《らいらく》な紳士《しんし》を尊敬《そんけい》して迎《むか》えたようである。私はその場に居合《いあ》わせなかったが、戸田先生は「息子さんを私に下さらんか」と言われたという。父はしばらく考《かんが》え込《こ》んでいたそうだが「差し上げましょう」と答えた。

この父の返事は珍《めずら》しい。というのは、私は、小さいころから五、六軒《けん》の家から養子にくれと言われたことがあったようだが、そのつど、強情《ごうじょう》さまの父は、一言のもとに「とんでもない」とはねつけてきたからである。きっと戸田先生の人格《じんかく》が、自然に父から快諾《かいだく》の言を引き出してしまったのであろう。戸田先生が、そこで「じつは、いい縁談《えんだん》があるのだが……」と切り出されると、父は「息子はいまあなたに差し上げたばかりです。どうなりと」と返した。

話は進み、市谷《いちがや》にあった創価学会《そうかがっかい》の旧《きゅう》分室の近くの寿司屋《すしや》の二階で、双方《そうほう》の親を呼《よ》んで、見合いをしてくださった。話は進行していたのであるから、これは「見合い」というより「家族同士の顔合わせ」といったほうが正確《せいかく》であるかもしれない。強情さまは、息子の〝嫁《よめ》〟がなかなか気に入ったようであった。

昭和二十七年――この年は戦後七年にして偏頗《へんぱ》な単独講和《たんどくこうわ》ながらも講和条約《じょうやく》が発効《はっこう》された年である。五月一日、皇居《こうきょ》前広場では、いわゆる「血のメーデー事件《じけん》」が起こり、世情《せじょう》は騒然《そうぜん》としていた。その二日後、快晴《かいせい》の五月三日であった。この日は、ちょうど一年前、戸田先生が会長に就任《しゅうにん》された意義《いぎ》ある日であった。私たちは、式を挙げた。ごく近しい身内のものだけで、五十人もいなかったと思うが、簡素《かんそ》な式であった。私は二十四歳《さい》、妻《つま》は二十歳になったばかりである。

恩師《おんし》は心温まる祝辞を下さった。「男は力をもたねばならない。妻子《さいし》に心配をかけるような男は社会で偉大《いだい》なる仕事はできない。また、新婦《しんぷ》に一つだけ望みたいことがある。それは、主人が朝出掛《でか》けるとき、晩《ばん》帰ったときには、どんな不愉快《ふゆかい》なことがあっても、にっこりと笑顔で送《おく》り迎《むか》えをしなさい」と。妻は、いまにいたるまで、この日の言いつけを守ってくれているようで私は感謝《かんしゃ》をしている。

（一九七五年二月二十一日）

# 恩師逝く

二月は厳寒《げんかん》の季節――。この凍《こお》りつくような月の十一日は、戸田先生の誕生日《たんじょうび》である。先生逝《ゆ》いて、十七年（＝一九七五〈昭和五十〉年現在）、いまも私の家では、毎年、この日に赤飯などを炊《た》いて祝う。私にとっても、また妻《つま》にとっても、生涯《しょうがい》にわたる師《し》であるからである。

四月二日は、先生の命日。昭和三十三年（一九五八年）のこの日は、私の人生にとって、決して忘《わす》れることのできない、永《えい》遠《えん》の歴史の日となった。体が極度に衰弱《すいじゃく》された先生は、富士を仰《あお》ぐ静岡の地で、広宣流布《こうせんるふ》（仏法を広く宣《の》べ流布すること）の模擬試験《もぎしけん》ともいうべき式典等の指揮《しき》をとっておられたが、四月一日、富士宮《ふじのみや》から帰京され、日大病院へ入院された。二日夕刻《ゆうこく》、私は信濃町《しなのまち》の旧《きゅう》学会本部で、首脳《しゅのう》と連合会議を開いていた。

午後六時四十五分、私に、病院から先生の子息・喬久君より電話との知らせ。私は立った。受話器の向こうから、落ち着いた語調で「ただいま、父が亡《な》くなりました」と――。愕然《がくぜん》。この一瞬《いっしゅん》の思いは、筆舌《ひつぜつ》には尽《つ》くせない。師の逝去《せいきょ》――こんな悲しみが世の中にあろうか。断《だん》じて後にも先にもない。また、これからも、決してないであろう。厳父《げんぷ》であり、慈父《じふ》であり、私にとってはいっさいであった。

「先生、お休みなさい。お疲《つか》れだったことでしょう」。ご遺体《いたい》にあいさつ。私の脳裏《のうり》には、師がなくなる前日四月一日の刻々《こっこく》の状況《じょうきょう》が、走馬灯《そうまとう》のように浮《う》かんでは消えていった。

午前一時四十分、先生を東京にお連れする準備《じゅんび》。午前二時、出発。フトンのまま。「先生、出発いたします。私がお供《とも》いたします」と申し上げると、「そう。眼鏡《めがね》、眼鏡」と言われた。担架《たんか》にて車に。奥様《おくさま》と医師《いし》同乗。二時二十分、月おぼろにして、静寂《せいじゃく》な田舎道《いなかみち》を、沼津《ぬまづ》駅へ。

三時四十五分、沼津駅に到着《とうちゃく》。四時十五分発急行「出雲」に

乗る。「先生、これで安心です」と申し上げたところ、「そうか」との微笑《びしょう》が忘れられない。早朝、六時四十五分、東京駅着。一睡《いっすい》もせず。日大病院へ……。そして、二日を迎《むか》えて――。

師《し》は逝《ゆ》き、残った弟子たちは、寂《さび》しく、悲しんだ。自分たちのはてしない悲しみに思いをいたし、茫然《ぼうぜん》とするのも当然であったにちがいない。しかし、私は次の時代展開《てんかい》への誓《ちか》いをはたさねばならなかった。

戸田先生は、亡《な》くなる少し前の二月、私を自宅《じたく》に数回呼《よ》ばれ「私の後をいっさいやるように」と言われた。そこで三十三年三月一日より、私は学会本部に常勤《じょうきん》するようになり、以後、実質《じっしつ》的《てき》な指揮《しき》をとらざるをえなくなっていた。

初七日《しょなぬか》のとき、詠《よ》んだ歌は——。「恩師《おんし》逝き　地涌《じゆ》の子等の先駆《せんく》をば　われは怒濤《どとう》に　今日も進まむ」。この色紙は、いまも自宅《じたく》に掲《かか》げている。思えば、二十二年から十一年間、朝となく夜となく、それこそたたきこまれるようにして薫陶《くんとう》を受けた。その指導《しどう》は峻厳《しゅんげん》であり、惰弱《だじゃく》を許《ゆる》さなかった。あの調子であと二、三年つづいたら、私自身がまいってしまったかもしれない。

先生は、よく朝早く起きて、フトンのなかで、一時間、二時間の思索《しさく》に耽《ふけ》っておられた。ある日などは、朝の四時ごろ、電話がかかってきて、すぐ来るようにということである。タクシーにとび乗って飛んでいったものだ。四六時中、思索をされていたのであろう。

お酒は好きであったので、忘年会《ぼうねんかい》などの宴《えん》も半ばになると、洋服を裏返《うらがえ》しに着て、ノリヒゲをつけ、帽子《ぼうし》を逆《ぎゃく》にかぶり、ほうきを持って踊《おど》られた。皆《みな》は大喜びで喝采《かっさい》をしていたが、その直後、まったく次元の異《こと》なったことなのであろう、毅然《きぜん》と眼光鋭《がんこうするど》く、なにやら一人で思索をされている厳《きび》しい姿《すがた》もよく見られた。辛労《しんろう》のかぎりを尽《つ》くして、未来の構想《こうそう》に心を砕《くだ》かれていたにちがいない。

戸田先生と恩師・牧口常三郎《まきぐちつねさぶろう》初代会長とのあいだを仏法《ぶっぽう》が結

んだ師弟《してい》の道は、強靱《きょうじん》な永遠《えいえん》の絆《きずな》であった。先生が、師の遺志《いし》をはたすべく、敢然《かんぜん》と権力《けんりょく》の魔性《ましょう》に挑《いど》まれたのは――獄中《ごくちゅう》で、判《はん》事《じ》から、牧口会長の獄死《ごくし》を聞かされたときかと思われる。私も、及《およ》ばずながら恩師の死を機に、師の偉大《いだい》な構想《こうそう》を実現《じつげん》することを誓《ちか》った。私は、私なりに全魂《ぜんこん》を尽《つ》くして、一直線に進んできたつもりである。

（一九七五年二月二十五日）

# 第三代会長

「わしの死んだあと、あとは頼《たの》むぞ」との戸田先生の遺言《ゆいごん》が胸《きょう》奥《おう》に轟《とどろ》き、響《ひび》きわたる。恩師《おんし》から受けたかぎりなき薫陶《くんとう》は、私にとって、なにものにも代えがたい。思索《しさく》に思索の針《はり》はとまらず、遅《おそ》くまで起きている日もつづく。六月、創価学会《そうかがっかい》の初の総《そう》務《む》に。そして学会建設《けんせつ》への激務《げきむ》と激動《げきどう》が、日々の回転のなかに織《お》りこまれていった。ともかく布教《ふきょう》と組織拡大《そしきかくだい》に全国を駆《か》けずり回《まわ》ったことは言うまでもない。

風、月、緑の北海道。大波のなかに浮《う》かぶ佐渡《さど》。詩情《しじょう》あふれる京都へ。また炭鉱《たんこう》のボタ山に現実《げんじつ》社会の貧《まず》しさを思う九州へ。豊橋《とよはし》、大津《おおつ》、福井《ふくい》、福知山《ふくちやま》、岐阜《ぎふ》と五日で駆《か》ける日程《にってい》。はてしなき強行軍はつづいた。大阪《おおさか》、名古屋、仙台《せんだい》……。一日、一日が大事であった。

こうして一年が過《す》ぎ、二年が過ぎようとしていた。私にとっては、困《こま》ったことが起きてきた。周囲から、創価学会の第三代会長にとの声があがってきたのである。私は、何回も断《ことわ》った。しかし、結局は、押《お》しきられてしまった。昭和三十五年（一九六〇年）当時の日記には、その間の事情《じじょう》が記されてある。「全《ぜん》幹部《かんぶ》の意向なりと、また機熟《きじゅく》したので、第三代会長就任《しゅうにん》を望む話あり。……我儘《わがまま》なれど、きっぱり断る。疲《つか》れている」（三月三十日）。「本部にて、遅《おそ》くまで臨時《りんじ》理事会を開催《かいさい》。第三代会長の推戴《すいたい》を決定の由《よし》、連絡《れんらく》を受く。丁重にお断りする」（四月九日）。「午後、……第三代会長就任への、皆《みな》の強い願望の伝言あり。私は、お断りをする」（四月十二日）。

十四日になって、とうとう断ることができなくなり、やむなく、承認《しょうにん》の格好《かっこう》となってしまった。この日の日記には「万事休す。……やむをえず。やむをえざるなり」とある。

五月三日、東京・両国の日大講堂《にちだいこうどう》で創価学会第三代会長に就任。会長になることはいやでいやでたまらなかったが、就任した以上は、全責務《ぜんせきむ》を全《まっと》うしなければならない。だが、体がどこまでつづくか。当時三十二歳《さい》の私に課せられた課題はあまりにも大きかった。

その夜、大田区小林町の自宅《じたく》に帰ったところ、ささやかながら赤飯でも炊《た》いていてくれるのかとも思っていたが、何も用意はされていなかった。「きょうからわが家には主人はいなくなったと思っています。きょうは池田家の葬式《そうしき》です」というのが妻《つま》の言い分であった。実際《じっさい》、妻や三人の息子たちにとっては、五月三日は〝葬式〟といってもよかろう。かつては、月に一度か二カ月に一度ぐらいは、妻を連れて映画《えいが》などに出かけることもできたが、そんなことはできなくなった。夕方、家に帰り、ひとフロ浴びて家族団欒《だんらん》の夕食をともにすることも人生の楽しみの一つとは思ってはいるものの、あれやこれやと、なかなかくつろいだ機会はもてなくなった。三人の男の子の教育は、妻まかせであるが、幸い皆《みな》、健康に伸《の》びのびと育ってくれているようである。

旅先の京都から、小さいカブトを長男におみやげとして買ってきてやったことがあるが、毎年、節句《せっく》の日には、そのおもちゃのようなカブトがわが家には飾《かざ》られていた。子どもたちは、留《る》守《す》がちな父親が知らないうちに、いつのまにか大きくなっていた、というところである。

それでも、父親の面目《めんぼく》を大いにほどこしたことがある。長男が幼稚園《ようちえん》にあがるときである。妻のおふくろが、道を歩きながら、聞いた。「家のなかで誰《だれ》が一番好きか」と。おばあちゃん子なので、かなり自信があっての問いであったらしい。ところが、長男が答えるには「パパ」ということであった。「その次は」には「ママ」。三番目にやっと「おばあちゃん」という答えが出てきて、こんなに朝から晩《ばん》までかわいがって面倒《めんどう》みてやっているのに、と妻のおふくろがたいへん悔《くや》しがっていたと聞いた。

現在《げんざい》、上の二人が大学へ、下の一人が高校へ行っている。子どもの意思をそれぞれ尊重《そんちょう》していくというのが父親の教育方針《ほうしん》であり、母親は平凡《へいぼん》でも健康で暮《く》らしていってもらいたいと願っているようだ。

ある婦人雑誌《ふじんざっし》の正月号（昭和四十九〈一九七四〉年）に「子どもに託《たく》して」と題して一文を寄《よ》せたが、最後に私は書いた。「彼《かれ》らにもやがて恋人《こいびと》ができ、結婚《けっこん》するでしょう、そのときに私はただ一言いいたいのです。『パパのことはいい。ママだけは大切にしてあげてくださいよ』と」。それは、〝五月三日〟を、〝わが家の葬式〟と感じ、以来、いつも微笑《びしょう》を絶《た》やさないで尽《つ》くしてきてくれた妻への償《つぐな》いの心である。

（一九七五年二月二十六日）

## 人材を育てる

私が会長になった当時は、創価学会《そうかがっかい》も現在《げんざい》のような社会的存在《そんざい》には遠く、多くの人びとは関心もなく、またその名もよく知られなかったように思われる。さまざまな風評《ふうひょう》で見られてもいたようだ。信濃町《しなのまち》の学会本部の目と鼻の先に、いまは故人《こじん》となられた元総理《そうり》・池田勇人氏が住んでおられたが、隣近所《となりきんじょ》へのあいさつということもあって、訪《たず》ねたことがある。

氏は「会長さんになられたって……。この町の青年会の会長さんですか。まあ、同じ池田ですから仲良くやりましょう」と言われていた。同姓《どうせい》の池田氏に他意《たい》はなかったのであろうが、この〝青年会の会長〟という言葉は至言《しげん》であった。ある意味で創価学会の存在《そんざい》イメージは、このようなものであったといってよい。また、事実、私も「若輩《じゃくはい》ではございますが、本日より……」と総会《そうかい》で就任《しゅうにん》のあいさつをしたごとく、三十歳《さい》を幾《いく》つか過《す》ぎた文字どおりの青年会長であった。あれから十五年たったいま（＝一九七五年）、私は四十七歳になったが、生涯《しょうがい》、青年という気持ちに変わりはない。

私は、会長就任の日の総会で、戸田前会長の七回忌《かいき》（昭和三十九年）を当面の目標として学会員三百万世帯の達成、宗教界《しゅうきょうかい》の覚醒《かくせい》運動などの方針《ほうしん》を発表した。私は二年間が勝負と思った。二年間というものは、席が温まる暇《いとま》がないというよりは、席そのものがないといってもよいほど動いた。動くことしか、道は開けないと信じたからである。

関西を皮切りに、日本の各地を回り、七月にはアメリカ軍政《ぐんせい》下《か》の沖縄《おきなわ》に飛んだ。活動を始めた学会の軸《じく》となったのは、座談《ざだん》会《かい》と教学であった。この二つは、創価学会の草創《そうそう》以来の伝統《でんとう》の実践《じっせん》方式である。

若《わか》き日に読んだゲーテの言葉に「いつかは目的地に到達《とうたつ》しようなどぐらいの気持で歩んでいては不充分です。その一歩一歩が到達地であり、その一歩としての価値《かち》があるべきだ」（エッカーマン著『ゲーテとの対話　上巻』神保光太郎訳、角川文庫）とあったが、まさにそのような歩みが要請《ようせい》される日々の連続であった。二年半後の昭和三十七年（一九六二年）十一月に三百五万世帯を達成。全国的な自信に満ちた上《あ》げ潮《しお》の動きを見て、私は次の手を打ち始めた。若い人材の育成である。後継者《こうけいしゃ》の育成をしないときは、かならず行《ゆ》き詰《づ》まるという方程式《ほうていしき》を知っていたからである。

私がいつも魅《み》せられる画家の一人である東山魁夷《ひがしやまかいい》氏が「私は白い紙に向い合う。それは紙ではなくて鏡である。その中には私の心が映《うつ》っている。描《えが》くことは、心の映像《えいぞう》を定着させようとする作業である」（写真集『東山魁夷の世界』集英社）と語っておられるが、その心境《しんきょう》がうかがえる味わい深い言葉である。青年や少年、少女と対話するときは、まさに純白《じゅんぱく》な生命のキャンバスに向かうようなものであり、それはみずからの心を映す鏡である。

次の時代を託《たく》す若者《わかもの》たちと、対話をつづけていった。結成五年をへた学生部の代表に、三十七年（一九六二年）の夏から「御《おん》義口伝講義《ぎくでんこうぎ》」を始めたのも、その一つである。「御義口伝」は、日蓮大聖人《にちれんだいしょうにん》の仏法《ぶっぽう》の骨髄《こつずい》が説かれている御書《ごしょ》で、法華経《ほけきょう》の文々

句々を大聖人がみずからの立場で講義されたものを弟子の日興《にっこう》上人《しょうにん》が筆録したものである。（中略）

これが軌道《きどう》にのると、さらに次の布石《ふせき》、また次の布石というように、私の目は少年に向けられていった。三十九年（一九六四年）六月には高等部、中等部を結成、四十年（一九六五年）九月には少年部を発足させた。なかに鳳雛会《ほうすうかい》、未来会などをつくり、二十世紀の残された四半世紀のために、また来《きた》る二十一世紀をいかに生きるかを語り合った。

わが家にも近所のちっちゃな子が遊びにくることがある。家《か》宅侵入《たくしんにゅう》をしてくるなり、とっとっと台所の冷蔵庫《れいぞうこ》に直行し、中身の宝物《たからもの》をさらっていく。本部にも、私の幼《おさな》い友だちはやってくる。彼《かれ》らは、自由に動き、ときには粗相《そそう》もする。親はあわてて子を叱《しか》ろうとするが、私は、叱る親を止める。いいんだ、いいんだ、と。未来からの使者は、伸《の》びのびと自由奔放《ほんぽう》に育てたい。ただし、転んでも一人で起き上がるのを待つ。他に頼《たよ》らないという自立心を育てたいからだ。

ある日、駐日《ちゅうにち》英国大使と懇談《こんだん》したが、心に残る話を聞いた。大使は、毎日、夜になると、小さなお子さんに、その日あったことを、わかろうがわかるまいが、一つ一つ話すという。子どものなかに、一個《こ》の大人の人格《じんかく》を認《みと》めることから生まれてくるこの父子対話は、いろいろなことを考えさせてくれるようだ。
（一九七五年二月二十七日）

本書は、主に次の著書から抜粋し、若干加筆、訂正を加え、編集したものです。

【I～III　贈る言葉】「新・人間革命」「青春対話」「希望対話」「ふるさとの光」「地域の旭日」「青年の大地」「明日をみつめて」「『平和の文化』の輝く世紀へ！」「美しき生命　地球と生きる」「ジャズと仏法、そして人生を語る」「生命と仏法を語る」「二十一世紀の平和と宗教を語る」「法華経　方便品・寿量品講義」「法華経の智慧」「栄光の朝」「平和の城」「出発の光」「勝利の光」「希望の大道」「師弟の宝冠」「御書と青年」「新・女性抄」「人生抄」「ハッピーロード」「勝利への指針」【IV　未来への提言】〈一人を大切にする心〉（一人の行動が世界を変える――「青年の大地」鳳書院刊 所収）、〈ストレス社会を朗らかに〉（ストレス社会を生きぬく――「明日をみつめて」ジャパンタイムズ刊　所収）、〈女性の声が時代を動かす〉（時代を動かす女性の声――「明日をみつめて」ジャパンタイムズ刊　所収）、〈芸術が未来を創る〉（『芸術』の力――人間精神の大いなる滋養――「ふるさとの光」鳳書院刊　所収）、〈核兵器の廃絶へ〉（核兵器廃絶への誓い――「明日をみつめて」ジャパンタイムズ刊所収）、〈貧困は人権問題〉（貧困は最大の人権問題――「明日をみつめて」ジャパンタイムズ刊　所収）、〈青年の力で国連の改革を〉（青年の力で国連の改革を――「地域の旭日」鳳書院刊　所収）【Ⅴ　私の青年時代】「私の履歴書」（「池田大作全集22」聖教新聞社刊　所収）

この作品は2014年1月徳間書店より刊行されました。

cover illustration ©amanaimages

徳間文庫

# 青《せい》年《ねん》抄《しょう》



2024年3月16日 初刷

著者 池《いけ》田《だ》大《だい》作《さく》

発行者 小宮英行

発行所 株式会社 徳間書店

東京都品川区上大崎三－一－一 〒141－8202
目黒セントラルスクエア

電話 編集〇三(五四〇三)四三四九
販売〇四九(二九三)五五二一

振替 〇〇一四〇－〇－四四三九二

印刷
製本 大日本印刷株式会社

ISBN978-4-19-894932-7 (乱丁、落丁本はお取りかえいたします)